Cécile Lemoine
Georges Claustres



# Connaître et reconnaître les bolets

Photographies des auteurs

ouest france

## SIGNES UTILISÉS

 Légèrement toxique

 Sans valeur culinaire ou à goût désagréable

 Médiocre comestible

 Bon comestible

 Excellent comestible

# INTRODUCTION

Les bolets sont des champignons très populaires : qui ne connaît les cèpes, rois des récoltes d'automne, abondants partout, et dont trois ou quatre pieds suffisent à une famille ?

Reconnaissant un bolet à son chapeau charnu et à ses pores, le récolteur se rend bien vite compte de la diversité de ce groupe, et que le terme de bolet englobe des entités bien différentes. Certaines se laissent bien cerner, Bolet à chair jaune ou Bolet bai ; mais d'autres se révèlent bien plus subtiles, et le groupe des bolets du type Satan posera quelques problèmes et demandera plus d'attention ; parfois enfin, le spécialiste lui-même donnera sa langue au chat devant toutes les transitions existant d'une espèce à l'autre, formant une chaîne aux variations progressives : le groupe des bolets rudes est ainsi un redoutable écheveau à démêler si l'on veut arriver à une détermination précise !

Si l'on compte ces nombreuses formes variables, il existerait plus de cent cinquante espèces en France. Nous décrivons ici la centaine d'espèces les mieux caractérisées et les plus fréquentes, présentes de la plaine à la montagne, des régions atlantiques aux zones méditerranéennes.

Le monde des bolets est bien individualisé. Il renferme d'excellents comestibles, beaucoup de comestibles médiocres, quelques espèces indigestes (voire toxiques pour certaines personnes), mais aucune espèce mortelle.

## Écologie des bolets

On remarquera que les bolets, essentiellement forestiers ou des lieux boisés, sont parfois liés étroitement à une espèce d'arbre bien déterminée, ce qui est facilement vérifiable et très utile à connaître pour le chercheur de champignons. On observera également que la plantation d'un mélèze entraîne presque automatiquement dans le nouveau milieu l'apparition du Bolet du Mélèze ; les pins ont leur cortège qui les suit lorsqu'ils sont introduits parfois dans des régions lointaines ; de même les charmes ou les peupliers ont leurs espèces propres. En effet, ces champignons vivent en étroite union avec les racines de ces arbres, formant une association extrêmement bénéfique biologiquement pour les deux partenaires et qualifiée de mycorhize (ce qui signifie éthymologiquement champignon + racine). Dans la pratique on a pu vérifier que la croissance de l'arbre est bien meilleure lorsque le champignon est présent (il lui permet d'assimiler certains éléments nutritifs bloqués dans le sol) et réciproquement l'arbre restitue au champignon d'autres éléments qui lui sont indispensables, mais qu'il est incapable de synthétiser et donc de vivre dans certains milieux sans la présence des arbres. C'est grâce à cette collaboration naturelle que des sols très pauvres et très acides peuvent être colonisés par la forêt.

## Reconnaissance des bolets

On observera et notera les points suivants :

— forme générale (élancée, trapue, pied renflé, bulbeux, obèse) et couleur du chapeau,
— nature et consistance du chapeau (visqueux, velouté, lisse, mat),

— surface fertile ou hyménium (couleur des tubes, forme des pores, arrondis ou anguleux, couleur des pores à l'état jeune, puis à maturité,
— insertion des tubes sur le pied,
— couleur des spores (blanc, rosé, ocre ou brun, jaune ou verdâtre), leur taille et leur forme,
— couleur de la chair : changement éventuel de couleur par oxydation (qui, contrairement à une croyance solidement ancrée, n'a rien à voir avec la toxicité) et couleur sous le revêtement,
— goût de la chair (amer, poivré, doux),
— ornementation du pied (réseau, ponctuations, mèches), présence ou non d'un anneau,
— réactions colorées aux réactifs,
— localisation écologique (sous Chênes, Bouleaux, Charmes, Pins, Mélèzes, etc.) sols calcaires ou non.

Quelques réactifs simples peuvent être utilisés pour lever une hésitation entre deux espèces proches. Nous ne signalerons que le sulfate de fer, en solution aqueuse à 10 % (qui s'altère assez vite) ou en cristal ; le formol, solution aqueuse du commerce ; l'ammoniaque du commerce.

L'examen des spores est intéressant, mais exige un microscope ; nous donnons simplement leurs dimensions moyennes.

## Utilisation du livre

Le terme de bolet englobe en fait plusieurs genres distincts, et les bolets au sens strict sont également scindés en unités élevées par les mycologues au rang des genres. Nous conserverons pour eux la simple coupure en sous-genres.

Le lecteur s'orientera d'abord à partir de la clé située à la fin du livre, qui le conduira à un nom de genre ou de sous-genre.

Dans le texte, la description des sous-genres est précédée de clés, qui, à partir des caractères facilement observables présentés au paragraphe précédent (reconnaissance des bolets), conduiront à la détermination de l'espèce.

Cependant, on notera qu'en fonction de la saison, du milieu, du degré de sécheresse, ou d'humidité, certains caractères peuvent s'avérer très fluctuants : couleurs des revêtements et dimensions en particulier peuvent largement s'écarter de la moyenne ; le réseau est parfois limité, sous les tubes, et même visible seulement à la loupe ! Le changement de coloration de la chair, à l'air, peut être plus ou moins intense, et localisé. Cela peut induire un doute, que le lecteur voudra bien nous pardonner.

Hyménium des bolets : en haut, *B. erythropus* à pores rouges se tachant de bleu foncé à la pression ; à gauche, *B. bovinus* à larges pores anguleux descendant en filet sur le pied, et en dessous, *B. variegatus,* à pores anguleux plus petits jaunâtres ; à droite, *B. oxydabilis,* petits pores ronds gris jaunâtres, séparés du pied par un sillon et en dessous *B. chrysenteron,* à pores ronds vert jaunâtre.

## BOLET POMME DE PIN →

*Strobilomyces strobilaceus* (Scop.) Berk.

Bolet à pied floconneux.

**Habitat :** peu commun et généralement solitaire, en été et en automne, sous feuillus (surtout hêtres), en sol acide.

**Chapeau :** foncé (7-15 cm) dur, et tout couvert de mèches molles, laineuses, lui donnant l'aspect d'une pomme de pin, mèches qui débordent et retombent sur la marge.

**Pied :** de même couleur, cylindrique (8-14 cm), couvert de la même toison, mais moins déchirée, jusqu'au niveau d'un anneau mou, blanchâtre, marquant la rupture du voile général.

**Tubes :** assez longs (10-15 mm), blanchâtres puis foncés, creusant une gouttière autour du pied, puis un peu descendants sur le pied, à larges pores anguleux blanchâtres, puis gris, brun ou rougeâtre plus ou moins foncé, rougissant ou noircissant au toucher. Spores brun pourpre (9-13 × 7,5 — 11 $\mu$) presque rondes et finement réticulées.

**Chair :** blanchâtre, rougissant à la cassure, puis noircissant, ou noircissant directement, douce, faiblement odorante.

Le champignon se dessèche et pourrit difficilement. Comestible sans valeur, peu abondant.

Très différents par leur aspect particulier, leur biologie et leur biochimie, de tous les autres Bolets et essentiellement tropicaux, les Strobilomyces peuvent être considérés comme un genre bien distinct occupant une position intermédiaire entre certains Bolets et les Vesces de loup.

## BOLET AMER ➔

*Tylopilus felleus* (Bull.) Karst.

Bolet Chicotin, Bolet de fiel.

**Habitat :** commun, en été et en automne, dans les bois de feuillus ou de résineux de la plaine et de la montagne sur sols siliceux acides.

**Chapeau :** rappelant celui des Cèpes (6-15 cm), hémisphérique puis étalé fauve à brun clair ou brun foncé ; marge épaisse un peu débordante, cuticule finement veloutée à presque glabre.

**Pied :** cylindrique, parfois renflé (7-15 cm), blanchâtre en haut, brunâtre en bas, orné d'un beau réseau foncé en relief, brun, à larges mailles.

**Tubes :** fins, longs de 10 à 20 mm, à pores petits arrondis, d'abord blancs, puis roses, invariables au toucher, spores roses (10-15 × 4-5 $\mu$) en forme de fuseau.

**Chair :** épaisse, ferme, puis molle, blanche et le restant à la cassure, à odeur agréable, mais saveur très amère.

On ne se laissera pas abuser par le bel aspect de ce Bolet, et par sa ressemblance avec les meilleurs Cèpes : plus d'un mycologue s'y est laissé prendre, surtout par des exemplaires jeunes. Un seul pied suffit à rendre immangeable tout un plat. On le reconnaîtra toujours, indépendamment de son goût, à ses tubes roses, et à son réseau très prononcé différant de ceux que l'on observe chez le Cèpe réticulé ou le Cèpe tête de nègre.

## BOLET COULEUR DE CUIR →

*Tylopilus alutarius* (Fr.) Henn.

Pour certains c'est une variété à chair douce de *Tylopilus felleus*, pour d'autres c'est une bonne espèce qui s'en distingue par :

— un chapeau normalement plus foncé, tirant sur le brun d'ombre comme certains cuirs foncés,
— un pied à réseau limité dans le haut, avec des mailles moins épaisses et peu en relief,
— une chair douce ou à amertume pratiquement indécelable.

Il est beaucoup plus rare que le bolet poivré, et ordinairement localisé dans les bois de conifères, en particulier dans les grandes pinèdes de pin maritime ou de pin sylvestre.

Le **Bolet livide** (*Gyrodon lividus* [Bull.] Opat.) est plutôt montagnard, et vient en milieu humide sous les aulnes. Chapeau (5-10 cm) irrégulier bosselé, roussâtre ou ocracé plus ou moins pâle, à surface visqueuse, pied latéral. Les tubes ne sont pas ou difficilement séparables, la chair jaune bleuit. Médiocre comestible.

En montagne aussi, sous mélèzes, le **Bolet à pied creux** (*Boletinus cavipes* [Opat.] Kalch) est brun roux, mamelonné, feutré pelucheux sur le chapeau et le pied, jusqu'au niveau d'un anneau blanchâtre. Les tubes courts blancs, à larges pores, descendant sur le pied, se détachent mal. Le pied est rapidement creux. Médiocre comestible.

Les Gyropores ont été nommés d'après leurs pores arrondis. On trouve ce caractère dans le **Bolet chatain** (voir page suivante), et dans le **Bolet bleuissant** (*Gyroporus cyanescens* [Bull.] Quél.), encore dit Indigotier à cause de la belle couleur bleue foncée intense que prend immédiatement sa chair à la cassure. Ce Bolet spectaculaire est robuste, entièrement blanchâtre ou jaune clair (pied, chapeau, pores), à surface veloutée ou feutrée par des mèches brunissantes ; spores jaune ocre. Pied facilement séparable, ventru épais, plein, puis se creusant de cavernes, et cassant. On le trouve, peu communément, sous feuillus (surtout chênes et châtaigniers) ou résineux (pins), en terrains siliceux secs et acides, en été et en automne. C'est un bon comestible.

## BOLET CHÂTAIN →

*Gyroporus castaneus* (Bull.) Quél.

**Habitat :** espèce plutôt moyenne, assez commune en été et en automne dans les bois clairs de feuillus, en lisière, sur sols siliceux acides, isolé, ou en groupes, parfois en petites touffes, éventuellement soudés.

**Chapeau :** plan à maturité (4-10 cm), irrégulier, à marge mince, parfois relevée avec l'âge, brun châtain clair, cuticule mince, veloutée, puis plus ou moins lisse.

**Pied :** très typique, cylindrique ou renflé au milieu, brun roux comme le chapeau, velouté, creux comme un tube à paroi dure, mais cassant.

**Tubes :** décollés du pied par un sillon annulaire, courts (3-6 mm), à pores étroits ronds, blancs, puis jaune clair, brunissant par places à la meurtrissure. Spores jaune pâle (8-12 × 5-6 μ) largement ovales.

**Chair :** très ferme et cassante, blanche et le restant à la cassure, un peu brune sous la cuticule et dans l'écorce du pied, saveur de noisette, odeur agréable.

Espèce réputée comestible, mais qui peut avoir des effets purgatifs sur certaines personnes.

## BOLET A SPORES POURPRES →

*Porphyrellus porphyrosporus* (Fr.) Gilb.

**Habitat :** espèce assez rare, en été et en automne, plutôt montagnarde, accompagnant les sapins, mais parfois présente sous autres résineux ou feuillus.

**Chapeau :** d'abord hémisphérique (5-15 cm), puis convexe, plan à la fin et même un peu déprimé au centre, à marge mince plus ou moins relevée avec l'âge, entièrement brun foncé, cuticule d'abord veloutée puis glabre et lisse.

**Pied :** cylindrique, un peu renflé dans le bas, plein, de la couleur du chapeau mais plus clair aux extrémités, velouté, sans mouchetures rèches, mais finement ponctué.

**Tubes :** longs de 20 à 25 mm, à pores de taille moyenne plus ou moins anguleux, d'abord blanchâtres puis brunâtres, se tachant un peu puis de bistre au toucher. Spores brun vineux (13-18 × 6-8 μ) en forme de fuseau.

**Chair :** épaisse, d'abord ferme puis molle, blanchâtre, virant au gris rougeâtre puis au gris noirâtre à la cassure, saveur un peu âpre et odeur plus ou moins acidulée.

Espèce pratiquement sans valeur culinaire, ayant un peu l'aspect des bolets rudes bien qu'elle n'appartienne pas à leur groupe, ce qui lui a valu cependant son ancien nom de *P. pseudoscaber*.

## SOUS-GENRE TUBIPORUS

- ▶ Chair sensiblement blanche, très amère, fortement bleuissante, pores jaunes, bleuissant à la pression ; un réseau sur le pied
  - ★ Pied jaune à réseau brun clair ou jaune, localisé en haut . . . . . . . . . . . . . . . . . . . . . . . . . . . **B. albidus**
  - ★ Pied jaune et rouge, réseau blanc couvrant toute la surface . . . . . . . . . . . . . . . . . . . . . . . . . **B. calopus**
- ▶ Chair sensiblement blanche, douce, immuable ; pores jaunes verdissant à maturité, immuables à la pression
  - ★ Pied dépourvu de réseau ; chapeau fauve ou brun clair ; chair jaunâtre sous le revêtement **B. impolitus**
  - ★ Un réseau sur le pied, parfois bien net seulement en haut
    - ■ Pied et réseau blancs ; chapeau brun à marge plus pâle ; chair rouge sous le revêtement **B. edulis**
    - ■ Pied jaunâtre et réseau coloré
      - ● Chapeau presque noir, chair blanche sous le revêtement . . . . . . . . . . . . . . . . . . **B. aereus**
      - ● Chapeau acajou, chair brun vineux sous le revêtement . . . . . . . . . . . . . . . . . . **B. pinicola**
      - ● Chapeau brun pâle, chair blanche sous le revêtement . . . . . . . . . . . . . . . . . . . . **B. reticulatus**
- ▶ Chair jaunâtre à jaune, bleuissant plus ou moins à l'air, douce, ou de saveur désagréable ; pores se tachant plus ou moins de bleu à la pression
  - ★ Pores jaunes
    - ■ Un réseau sur le pied
      - ● Pas de rouge ; chapeau brun ocré, pied jaune, virage de la chair très peu sensible, réseau brun ± développé . . . . . . **B. appendiculatus**
      - ● Du rouge sur pied ou chapeau ; la chair vire faiblement mais nettement au bleu
        - □ ceintures rose-rouge sur le pied, à réseau jaune, chapeau brunâtre clair **B. pallescens**
        - □ chapeau rouge carmin, pied et réseau jaunes . . . . . . . . . . . . . . . . . . . . . **B. regius**
        - □ chapeau rouge vif, pied jaune en haut, rouge vif en bas ; réseau incomplet **B. speciosus**
    - ■ Pas de réseau
      - ● Chair bleuissant intensément (bleu foncé puis noir) ; chapeau et pied jaune vif . . **B. junquilleus**
      - ● Chair bleuissant faiblement (bleu clair) ; chapeau blanchâtre, pied jaune radicant, brunissant . . . . . . . . . . . . . . . . . . . **B. radicans**
      - ● Chair devenant verdâtre clair ; chapeau brun soutenu, pied jaune, velouté de brun en bas ; odorant . . . . . . . . . . . . . . . **B. fragans**
  - ★ Pores jaunes, avec traces localisées de rose ou d'orangé ; un réseau
    - ■ Pores jaunes, tachés localement de rouge ;

chapeau brun jaune taché de rouge, pied jaune à réseau rouge au moins localisé sous les tubes ........................ **B. torosus**

- ■ Pores jaunes, devenant rose-orangé ; chapeau et pied pâles, tachés de rose ; réseau clair ............................ **B. pulchrotinctus**

★ Pores rouges dès l'origine ou le devenant à maturité

- ■ Un réseau sur le pied ; espèces liées aux terrains calcaires
  - ● Virage de la chair général, intense et rapide, entraînant un assombrissement des surfaces au toucher
    - □ Chapeau et pied jaunes vif au début ; réseau jaune puis pourpre ....... **B. xanthocyaneus**
    - □ Chapeau pourpre, pied pourpre, jaune sous les tubes, réseau rouge, puis brun **B. rhodopurpureus**
    - □ Chapeau ocre, brun ocré, s'empourprant
      - – pied bulbeux, aminci sous les tubes ; réseau à mailles larges, pourpre ; pied et chair violets dans le tiers inférieur au moins ..... **B. luridus**
      - – pied épais cylindrique, réseau rouge vif à mailles serrées, pas de violet dans le pied ............... **B. purpureus**
  - ● Virage de la chair localisé et peu intense ; espèces moins noircissantes
    - □ Chapeau pâle, grisâtre, sans trace de rosé ; pied obèse, jaune, rouge au centre, réseau à larges mailles rougeâtres **B. satanas**
    - □ Chapeau pâle, grisâtre, envahi de rose ; pied obèse ou cylindrique, massif, jaune, réseau à mailles serrées rouges ...................... **B. satanoides**
    - □ Chapeau jaunâtre, envahi de rose ; pied massif épaissi en bas, jaune en bas, réseau à mailles serrées rouges puis brunes .................. **B. rhodoxanthus**
    - □ Chapeau rouge vif ; pied massif jaune et rouge, réseau rouge localisé en haut du pied ..................... **B. dupainii**
- ■ Pas de réseau ; espèces des terrains calcaires ou siliceux.
  - ● Chair jaune vif à bleuissement rapide et intense ; pied jaune, densément muni de flocons rouges, chapeau brun velouté . **B. erythropus**
  - ● Chair jaune pâle, bleuissement localisé, peu intense ; chapeau brun ± rougeâtre
    - □ Pied jaune à chair violacée à la base et flocons épars ................. **B. Queletii**
    - □ Pied jaune, vaguement velouté de brun, brunissant par la base ...... **B. lupinus**

**Tableau des Bolets dits « Satan » (bleuissants) les plus courants**

| | **Bolet Satan** (faiblement toxique) | **Bolet à beau pied** (amer) | **Bolet blanchâtre** (amer) | **Bolet blafard** (comestible après cuisson prolongée) | **Bolet à pied rouge** (bon comestible cuit) |
|---|---|---|---|---|---|
| Milieu | feuillus<br>sur calcaire | résineux et feuillus<br>tous sols | feuillus<br>sol neutre | résineux et feuillus<br>tous sols | résineux et feuillus<br>tous sols |
| Chapeau | blanchâtre | blanchâtre | blanchâtre | brun jaune | marron |
| Pores | jaunes, puis rouge | jaunes | jaunes | jaunes, puis rouge orangé | rouge vif |
| Pied | jaune, rouge au milieu<br>réseau ± rouge | jaune (en haut) et rouge<br>réseau blanc | jaune<br>réseau brunâtre | jaune, violet en bas<br>réseau pourpre | jaune (fond)<br>flocons rouges abondants |
| Chair | goût désagréable<br>jaunâtre<br>vire au bleu clair | très amère<br>blanchâtre<br>vire au vert bleu vif | très amère<br>blanchâtre<br>vire au vert bleu vif | douce<br>jaune, betterave au bas du pied<br>vire au bleu vif | douce<br>jaune vif<br>vire fortement au bleu foncé |

**Cèpe de Bordeaux,** détails à remarquer : réseau blanc bien marqué en haut du pied, petits pores jaunes verdissant.

## CÈPE DE BORDEAUX ➔

*Boletus (= Tubiporus) edulis* (Bull.) Fr.

**Habitat :** d'août à novembre, le plus souvent dans les bois assez clairs, les haies, les chemins boisés, sous feuillus, chênes et châtaigniers ; plus rare sous bois sombres de hêtres et sous résineux, préférant les sols siliceux, il peut venir aussi sur calcaire en plaine et, en région méditerranéenne en montagne. Toute l'Europe.

**Chapeau :** massif, charnu, hémisphérique, puis convexe, ou même plan (10-25 cm), de teinte très variable : habituellement brune ou rousse, ou même jaunâtre pâle ou presque blanche ; lisse et mat presque visqueux collant par temps humide. Sa marge est souvent plus pâle.

**Pied :** charnu, épais, plein, devenant fibreux, habituellement à base enflée, plus ou moins obèse, parfois cylindrique et svelte s'il a poussé dans l'herbe, brun clair, jaunâtre ou presque blanc, orné d'un fin réseau blanc, visible au moins au haut du pied, parfois plus étendu.

**Tubes :** à pores fins longs de 20 à 35 mm, d'abord blancs, puis jaunissant et passant au vert puis au brun-vert foncé, non bleuissants ; spores brun olive en fuseau, 16-19 × 5-6 $\mu$.

**Chair :** épaisse, ferme, blanche, immuable ; forme sous le revêtement un liseré brun vineux ou rougeâtre. Odeur et saveur très agréables, un peu sucrées.

Cette espèce est universellement connue et appréciée. Elle peut être d'aspect assez variable. C'est un des meilleurs champignons.

La Tête de nègre et le Cèpe des Pins constituent avec le Cèpe de Bordeaux et le Cèpe réticulé les quatre Cèpes, espèces nobles, souvent confondus entre eux, ce qui n'est pas grave, car ils sont tous excellents, à chair ferme et parfumée.

| A NE PAS CONFONDRE | | | |
|---|---|---|---|
| | **Cèpes** (comestibles) | **Bolet à pied rouge** (comestibles) | **Bolet Satan** (indigeste ou même toxique à l'état cru) |
| Chapeau | brun, parfois clair | brun | blanchâtre |
| Pores | blancs, puis verdâtres | jaunes, puis rouges | jaunes, puis rouges |
| Chair | blanche | jaune, bleuit vivement | pâle, bleuit plus ou moins |
| Pied | réseau blanc ou brun | pas de réseau, des ponctuations | un réseau rouge très net |

## TÊTE DE NÈGRE ➔

*Boletus (= Tubiporus) aereus* (Bull.) Fr.

Cèpe bronzé.

**Habitat :** sous feuillus, en particulier chênes et châtaigniers, mais en milieu clair et aéré, plus fréquent en région méridionale, parfois rare ailleurs, en été et en automne.

**Chapeau :** bien hémisphérique convexe (6-20 cm), étalé tardivement, d'une belle teinte brun foncé, à surface sèche, mate, un peu velouté dans la jeunesse, à marge régulière.

**Pied :** obèse au début et toujours renflé, de 8-10 cm de long et 4-8 cm de diamètre brun clair, roussâtre, portant dans la partie haute un réseau à larges mailles un peu en relief, habituellement plus foncé que le fond, plus clair vers le haut du pied ; le réseau se désorganise plus ou moins dans la partie basse (voir photo du bas).

**Tubes :** très fins, longs de 10-15 mm, à petits pores ronds, d'abord blancs, puis jaunissant pour devenir verdâtres. Spores brun verdâtre en fuseau, 10-18 × 4-5 $\mu$.

**Chair :** bien ferme, blanche et le demeurant à la cassure, même sous le revêtement. Saveur douce et agréable.

Toujours bien ferme, le Tête de nègre est généralement considéré comme le meilleur des Cèpes, mais il est plus rare que le Cèpe de Bordeaux.

Remarquer la couleur des réseaux sur le pied : blanc, à gauche, chez le **Cèpe de Bordeaux,** brun à larges mailles, à droite, chez la **Tête de nègre.** ➔

## CÈPE ACAJOU →

*Boletus (= Tubiporus) pinicola* (Vitt.) Vent.

Cèpe ou Bolet des Pins.

**Habitat :** malgré son nom de Cèpe des Pins, sous lesquels on le rencontre, il fréquente aussi les bois de feuillus sur sol acide. Du printemps (juin) à l'automne, selon les pluies, plus fréquent dans l'ouest et le midi.

**Chapeau :** hémisphérique (8-20 cm) de teinte caractéristique, acajou, brun rouge, plus foncé dans la jeunesse. Surface non séparable sèche, un peu débordante.

**Pied :** sphérique, chez le jeune puis obèse, court et très renflé vers la base, ferme, blanc crème, puis brunâtre plus clair que le chapeau. Réseau fin, blanc, ou un peu brun, visible au sommet, se relâchant et s'atténuant à la base.

**Tubes :** assez longs (10-15 mm), à pores très fins, blancs puis jaunâtres et nuancés de vert, puis un peu brunissant, ne se tachant pas au toucher. Spores brun olivacé en fuseau, 13-17 × 4-5 $\mu$.

**Chair :** ferme, épaisse, blanche, lisérée de brun vineux, sous la cuticule, de saveur agréable.

Le Cèpe acajou est souvent méconnu et confondu avec le Cèpe de Bordeaux ou avec le Tête de nègre. Sa belle couleur le caractérise tout à fait. C'est un excellent comestible.

Les quatre Cèpes ont en commun un pied puissant, parfois plus important que le chapeau, en particulier dans la jeunesse, leur chair blanche ferme et de saveur très agréable. Ce sont les seuls Bolets à pouvoir être consommés crus, en salades. Les risques de confusion ne sont pas nombreux, et peu graves : le Bolet bai de même couleur est lui-même comestible. Par contre, le Bolet amer peut réserver des surprises très désagréables, mais immédiatement décelables au goût.

| A NE PAS CONFONDRE | | | |
|---|---|---|---|
| | **Cèpes** (comestibles) | **Bolet amer** (à rejeter) | **Bolet bai** (comestible) |
| Chapeau | brun clair, acajou ou brun foncé, sec | brun plus ou moins foncé, sec | brun foncé, collant par temps humide |
| Pores | blancs, puis jaune verdâtre | blancs puis roses | jaunâtres puis verts bleuissant à la pression |
| Chair | ferme, blanche, douce | devient molle, blanche, très amère | un peu molle, bleuissant à l'air, douce |
| Pied | massif, obèse, réseau blanc ou brun peu saillant | cylindrique, peu renflé, réseau très foncé et nettement saillant | grêle cylindrique, sans réseau |

## CÈPE RÉTICULÉ →

*Boletus (= Tubiporus) reticulatus* (Schaeff.) Boud.

Cèpe d'été.

**Habitat :** sous feuillus, plus rarement sous résineux, dans les lieux secs et aérés, préférant chênes et charmes ou châtaigniers, c'est le plus précoce des cèpes apparaissant dès le mois de mai localement, et ne dépassant pas septembre ; assez commun.

**Chapeau :** hémisphérique puis s'étalant (7-20 cm), finement velouté et sec, pouvant se craqueler finement, brun clair homogène à brun jaune.

**Pied :** obèse au début, puis massif ventru et ferme, blanchâtre à brun pâle entièrement réticulé d'un réseau blanc puis brun clair saillant à larges mailles vers le bas.

**Tubes :** assez longs (10-15 mm), blancs, puis jaunes, verdâtres, comme les pores petits et ronds, invariables à la pression du doigt. Sporée brun ocre olivâtre. Spores en fuseau atténué, 14-16 × 4-5,5 $\mu$.

**Chair :** épaisse, blanche même sous le revêtement, légèrement jaune sous les tubes, ferme devenant rapidement molle ou véreuse ; odeur et saveur agréables.

## CÈPE APPENDICULÉ →

*Boletus (= Tubiporus) appendiculatus* (Schaeff.) Fr.

**Habitat :** solitaire ou par petits groupes, dans les bois de feuillus (chênes en particulier) en fin d'été et en automne, plus rare que les vrais cèpes.

**Chapeau :** hémisphérique, puis étalé, épais (8-16 cm) brun jaune ocré à surface sèche veloutée, pouvant se craqueler, marge débordant plus ou moins (marge appendiculée).

**Pied :** très gros, robuste (7-10 cm de haut sur 3-4 cm de large) atténué vers la base en pointe radicante, ferme, typiquement bien jaune mais parfois jaunâtre à brun plus clair que le chapeau, muni d'un réseau brun à larges mailles s'atténuant vers le bas, parfois assez discret.

**Tubes :** jaunes, longs de 10-15 mm, pores petits et ronds jaunes vif verdissant à maturité bleuissant à la pression du doigt ; sporée brun olivacé, spores 10-15 × 4-5 $\mu$, longuement elliptiques.

**Chair :** épaisse et ferme jaune pâle, bleuissant faiblement à l'air, un peu rougeâtre sous la cuticule ; odeur et saveur douces, agréables (dites de noix).

Cet excellent comestible est souvent confondu avec les vrais cèpes, dont il diffère essentiellement par sa chair jaune et non blanche comme dans le groupe des Cèpes. Mais ce caractère peut parfois s'atténuer avec l'âge : restent alors les pores normalement bien jaunes à peine verdâtres avec l'âge.

## BOLET ROYAL →

*Boletus ( = Tubiporus) regius* Kromb

**Habitat :** relativement rare, venant en été et début d'automne dans les bois de feuillus sur calcaire.

**Chapeau :** hémisphérique puis s'étalant un peu, massif (6-20 cm) d'un beau rouge carminé, décoloré par places en jaune, à surface sèche et feutrée puis vite lisse pouvant se craqueler, cuticule séparable.

**Pied :** massif, épais (non obèse) haut de 5 à 10 cm sur 3 à 6 cm, s'atténuant en pointe radiculaire, ferme jaune vif taché par places de rouge vineux, avec un réseau fin clair concolore.

**Tubes :** assez longs (10-25 mm) jaunes citron puis olivacés, comme les pores fins et ronds, fonçant à peine au bleu vert à la pression. Sporée brun verdâtre, spores 10-15 × 4-5 $\mu$, de forme et dimensions variables sur un même chapeau, en fuseau ou en cylindre, lisses.

**Chair :** ferme et épaisse, jaune citron, parfois rose sous la cuticule, se tachant de vineux par plages dans le pied, bleuissant faiblement (et de façon inconstante surtout par temps sec) à la cassure. Odeur agréable dite de noix, saveur agréable mais un peu acidulée.

Ce bolet est remarquable par ses couleurs jaune et framboise. Il appartient au même groupe que le bolet appendiculé, ainsi que quelques espèces proches, à chair jaune et douce, souvent assez variables et très discutées par les spécialistes. Parmi les mieux caractérisées, le **Bolet magnifique** (*Boletus [= Tubiporus] speciosus* Frost) est à chapeau d'un beau rouge vif au début, devenant avec l'âge brun carminé, taché de noir au toucher ; les tubes sont bien jaunes, vaguement rougeâtres par places, et bleuissant nettement, parfois fortement à la pression. Le pied, radicant comme chez les précédents et un peu bulbeux, est jaune et se teinte de rouge carmin. Le réseau est incomplet n'atteignant pas la base, à petites mailles peu visibles. La chair jaune bleuit à la coupe. Il vient sous feuillus, en automne sur sol calcaire et est asez rare.

Le **Bolet pâle** ou Bolet de Fechtner (*Boletus = (Tubiporus) pallescens* Vel.) a un chapeau de teinte moins vive, grisâtre ou lavé de brun, mais il se tache au toucher et avec l'âge d'un rougeâtre sale. Les tubes sont bien jaunes, au début, puis un peu roussâtres ; le pied jaune, à réseau fin, est plus ou moins chaussé de carmin dans la moitié inférieure. La chair pâle bleuit faiblement, parfois même à peine. Cette espèce est plus rare encore que les deux précédentes fréquentant en été les bois clairs de feuillus en terrain calcaire. C'est un bon comestible, qu'il vaut mieux respecter, vu sa rareté.

## BOLET A BEAU PIED →

*Boletus (= Tubiporus) calopus* Fr.

**Habitat :** assez fréquent, en été et en automne, dans les bois de résineux surtout, mais aussi sous feuillus, parfois en touffes.

**Chapeau :** épais, hémisphérique, grand de 10 à 15 cm, très clair, dans la gamme des gris à crème olive, velouté et sec.

**Pied :** épais, renflé vers la base, jaune, puis rouge presque jusqu'au sommet, orné d'un très beau réseau régulier blanc ou plus clair que le fond, sa belle couleur ternit et brunit avec l'âge.

**Tubes :** fins, à petits pores ronds, jaunes, se tachant de vert au toucher (10-15 mm) ; spores brun ocre, olivâtre, elliptiques, 12 — 16 × 4,5-5,5$\mu$.

**Chair :** épaisse, jaune bleuissant rapidement à l'air, couleur qui passe ensuite au gris-bleu et pâlit ; saveur très amère et odeur peu agréable.

Les couleurs vives et l'ornementation caractéristique du pied ont fait donner son nom à ce Bolet, qu'on ne confondra pas avec le Bolet Satan. Redouté à l'égal de ce dernier, il est indigeste, mais non toxique. Son amertume suffit d'ailleurs à le faire rejeter.

Ce bolet est très variable d'aspect selon ses stations (feuillus, résineux, sur silice ou sur calcaire). Autour de lui se différencient des espèces plus ou moins amères et à réseau plus ou moins net, avec des formes parfois assez difficiles à définir. Des transitions existent aussi avec les bolets blanchâtre et radicant.

Le **Bolet aux belles couleurs** (*Boletus = Tubiporus) pulchrotinctus* Ales) récemment décrit, à de délicates couleurs rose et jaune citron. Le chapeau, vite lisse, est clair, jaune brun gris, et rose lilacé à la périphérie. Le pied, à base enflée, de même teinte jaunâtre, à large ceinture rose, porte un réseau fin et clair, les pores sont jaune citron, rosissant, et fonçant au verdâtre à la pression du doigt. La chair pâle, épaisse, bleuit par plaques ; de saveur agréable, sa comestibilité est inconnue : il est de toutes façons rare, et à respecter ; vient sous feuillus et en terrain calcaire.

## BOLET BLANCHÂTRE →

*Boletus (= Tubiporus) albidus* Roq.

**Habitat :** robuste espèce des bois de feuillus clairs (chênes et hêtres),plutôt secs, souvent en lisière ou sur les talus des bocages, en tous terrains, mais surtout en terrain neutre ou calcaire, pas très fréquente, en été.

**Chapeau :** épais, convexe (8-20 cm), de teinte claire, blanc-grisâtre, nuancé de verdâtre ou de rose ; marge d'abord enroulée, débordante ; surface sèche finement veloutée puis lisse et craquelée par le sec.

**Pied :** très épais et droit, généralement prolongé en pointe, jaune citron pâle, sans trace de rouge, à réseau clair peu visible, localisé parfois en haut du pied.

**Tubes :** très fins (7-15 mm), jaunes, comme les pores, verdissant un peu à la fin, se tachant de bleu au toucher ; spores brun olivacé longuement elliptiques 10-16 × 4-6 $\mu$.

**Chair :** épaisse, blanchâtre à crème un peu jaune, bleuissant rapidement à la cassure, puis se décolorant, très amère, mais non immédiatement.

Le Bolet blanchâtre ne diffère vraiment du Bolet à beau pied que par l'absence de rouge. Parmi les formes intermédiaires entre ces deux espèces, la sous-espèce *eupachypus* Konrad comporte vers le milieu ou plus bas des zones rose-purpurin sur le pied. Il est rare, se présente généralement par pieds isolés sous feuillus ou résineux.

Le **Bolet robuste** (*Boletus [=Tubiporus] torosus* Fr.) également d'aspect variable, est très trapu et lourd, il est rare, fréquente les feuillus ou bois mêlés, et préfère le calcaire. Solitaire ou parfois en touffes, son chapeau est jaune, puis rosâtre enfin taché de pourpre ou de bleu, sa marge est débordante sur les pores jaunes, un peu tachés de rouge vers la marge, le pied d'abord obèse, puis épais et massif est jaune en haut, rouge en bas, avec un réseau rouge qui peut se réduire ou manquer ; la chair dure, jaune vif, douce, devient instantanément bleu vif à la cassure. Avec l'âge, comme à la manipulation tout le champignon devient noirâtre, comme le bolet pourpre, qui se distingue alors par ses pores rouges vifs. Toxique cru, il est comestible après cuisson prolongée.

## BOLET RADICANT →

*Boletus (= Tubiporus) radicans* (Pers.) Fr.

**Habitat :** sous feuillus clairs en milieu sec, faiblement acide, neutre ou calcaire, en été ; rare mais surtout méconnu car proche du bolet blanchâtre, mais généralement de taille juste moyenne, plus petit.

**Chapeau :** hémisphérique puis un peu étalé (5-12 cm) de couleur claire blanchâtre passant au brun clair, puis brunissant au froissement et avec l'âge ; surface sèche, veloutée se craquelant par le sec ; marge débordante un peu lobée.

**Pied :** épais (5-9 cm sur 3-5 cm) jaune vif en haut, plus atténué blanchâtre au bas qui brunit progressivement, à réseau absent ou limité à la partie supérieure (prendre une loupe) ailleurs absent ; mais remplacé par des rugosités jaunâtres ; base bulbeuse puis atténuée en racine caractéristique assez longue.

**Tubes :** peu longs, 5 à 10 mm, jaunes citron puis olivâtres, comme les pores fins et ronds, bleuissant à la pression ; sporée brun olivacé ; spores 9-12 m × 4-4,5 elliptiques, lisses.

**Chair :** ferme, jaune pâle, plus vif dans le pied, ne bleuissant que faiblement à l'air de façon fugace, presque douce ou un peu amère au bout d'un certain temps, odeur faible.

## BOLET SATAN →

*Boletus (= Tubiporus) satanas* Lenz.

**Habitat :** très grosse espèce souvent difforme, venant en été, généralement assez rare, mais commune par endroits ; en terrain calcaire, dans les lieux secs, bois feuillus clairs, lisières. Cette espèce thermophile est plutôt fréquente en régions méridionales et est absente en régions silicicoles, où ce que l'on nomme Bolet Satan correspond à d'autres espèces plus ou moins voisines.

**Chapeau :** globuleux, massif, de 10 à 30 cm, blanc, à gris verdâtre (jamais de teinte rosée), velouté ou glabre, marge très épaisse, plus pâle, souvent onduleuse enroulée au début.

**Pied :** très obèse, court, particulièrement épais, presque sphérique, renflé, jaune aux extrémités, et rouge au centre, avec un réseau rouge présent au moins en haut, à mailles régulières, composées.

**Tubes :** courts (5 mm) à pores fins jaunes, puis rouge vif, se tachant de vert noirâtre au toucher ; spores ocre olivâtre, 11-14 × 5-6 m, en fuseau.

**Chair :** très épaisse, jaune pâle, plus vif sous les tubes, bleuissant plus ou moins à la cassure selon l'état d'humidité de l'air, saveur désagréable non amère, odeur faible, vireuse, caractéristique.

C'est un mauvais diable, seulement indigeste ou même inoffensif pour les uns, toxique pour certains autres, au moins à l'état cru, mais non mortel ; cru, il provoque des vomissements. Bien cuit, il peut être toléré. On fera bien de ne pas faire l'essai, mais une confusion fortuite n'est jamais dangereuse.

Le **Bolet pourpre** (*Boletus [= Tubiporus] purpureus* Fr.) est plus rare, des bois feuillus aérés en été et surtout sur calcaire. Son chapeau (10-20 cm) est jaunâtre, orangé, taché de verdâtre, et rougit rapidement. La marge largement débordante est irrégulière, la surface sèche se craquèle. Le pied massif et dur est jaune, puis pourpré, avec un réseau rouge vif. Les pores jaunes deviennent rapidement rouges vif. La chair jaune bleuit instantanément au bleu vert, bleuissement qui survient à la pression sur toutes les parties. Ce Bolet est toxique à l'état cru, provoquant comme le Bolet Satan des vomissements et des troubles gastriques. Il est comestible après cuisson prolongée ou dessication.

## BOLET ROUGE ET JAUNE →

*Boletus (= Tubiporus) rhodoxanthus* Kbch

**Habitat :** assez rare dans les bois de feuillus, secs et aérés, signalé aussi sous résineux, en terrain calcaire.

**Chapeau :** hémisphérique (6-20 cm) et massif, pâle, blanchâtre lavé de brun et de rose, se tachant de rougeâtre foncé à la meurtrissure, d'abord velouté, puis lisse, marge débordante, souvent lobée.

**Pied :** massif et dur (6-15 cm), très coloré, jaune vif en haut, rouge carmin en bas, orné d'un beau réseau en relief pourpre ; se tache de bleu sombre au contact.

**Tubes :** longs (10-25 mm) jaunes, verdissant à maturité, pores fins et ronds, d'abord jaunes (et le restant longtemps à la marge) puis rapidement rouges et un peu olivacés, bleuissant à la pression du doigt ; sporée brun olivâtre, spores 10-13,5 × 4,5-5 m, elliptiques.

**Chair :** bien épaisse et ferme, jaune vif mais carmin au bas du pied, bleuissant par plaques à l'air, saveur douce, odeur agréable, fruitée.

Ce très beau bolet, comme ceux de son groupe, est toxique cru, comestible après cuisson prolongée. Il est souvent confondu avec le Bolet Satan.

D'autres Bolets ont également des couleurs très vives, qui passent vite avec l'âge ou à la manipulation. Ils sont généralement rares, et poussent en milieu calcaire.

Le **Bolet rouge pourpre** (*Boletus [= Tubiporus] rhodopurpureus* Smotlacha) est calcicole, venant en troupes sous résineux surtout, plus rarement signalé sous feuillus. De teinte générale pourpre son chapeau rapidement lisse d'abord rose-carminé, se tache rapidement de bleu noir ; le pied à réseau rouge est jaune doré en haut, puis rouge au milieu, enfin pourpre foncé en bas. Les pores rouges bleuissent également au toucher, comme la chair jaune douce (pourpre au bas du pied) qui vire au bleu foncé. A l'état jeune et frais, ses teintes sont nettes et contrastées ; il noircit malheureusement très vite à la manipulation ou au contact.

Le **Bolet jaune et bleu** (*Boletus [Tubiporus] xanthocyaneus* [Ramain] Rom.) est au début entièrement jaune vif (chapeau, tubes, pied), puis son chapeau s'empourpre de rouge carminé brunâtre et s'éteint en brun, les pores deviennent pourpres, le réseau du pied se marque de pourpre ; la chair douce vire entièrement au bleu profond : ses teintes, à l'état jeune, sont alors le jaune à l'extérieur et le bleu de la chair.

Remarquer sur la photographie : les exemplaires ont perdu les belles couleurs de l'état de jeunesse pour devenir ternes avec le temps et la manipulation.

## BOLET DE LOUP →

*Boletus (= Tubiporus) lupinus (Fr.)* Krom.

**Habitat :** peu fréquent mais spectaculaire, en été et en automne, sous feuillus ou dans l'herbe des lisières plutôt sur calcaire.

**Chapeau :** subglobuleux, irrégulier, bosselé, grand (12-16 cm) à surface un peu veloutée blanc grisâtre, verdâtre ou ocracé, puis rose carminé en vieillissant.

**Pied :** robuste, cylindrique ou un peu bulbeux jaune, se tachant de brun à partir de la base, sans réseau, uni, ou plus souvent à fines mouchetures sombres ou rougeâtres.

**Tubes :** jaunes verdissant, pores fins, rouge carminé, ou orangé, plus pâles vers la marge, bleuissant à la pression, sporée brun olivacé, spores elliptiques 11-14 × 5-6,5 m.

**Chair :** jaune clair, bleuissant plus ou moins fortement à la cassure, brunissant en bas du pied ; odeur faible, chair douce acidulée.

Comestibilité mal connue. Considéré comme toxique cru.

On a décrit sous le nom de Bolet de Loup un Bolet d'aspect très proche, mais à pied orné d'un réseau rouge : c'est en fait le Bolet satanoïde.

## BOLET SATANOÏDE →

*Boletus (= Tubiporus) satanoides* Smoltlacha)

Bolet splendide.

**Habitat :** signalé en été et en automne dans des milieux divers, sous feuillus (hêtres, chênes) ou sous résineux (pins, épiceas, sapins) plutôt en milieu ombragé humide, en plaine comme en montagne ; assez rare, souvent méconnu.

**Chapeau :** hémisphérique, moyen (6-14 cm), grisâtre, café au lait, rosissant progressivement à partir de la marge, pour devenir presque entièrement rougeâtre avec l'âge ; surface sèche, veloutée, puis lisse, marge épaisse débordant.

**Pied :** massif, obèse, court et très large au centre (5-6 cm sur 4-5 cm) jaune en haut, passant à l'orange et au rouge, avec un réseau rouge se distendant vers le bas en mouchetures rouges.

**Tubes :** rouges assez courts (7-8 mm), jaune puis verdâtres, pores fins ronds, de plus en plus rouges avec l'âge, jaune à la marge, bleuissant à la pression du doigt ; sporée brun olivacé, spores 10-17 × 5-6,5 $\mu$, elliptiques.

**Chair :** ferme et épaisse, jaune pâle, bleuissant localement de façon peu intense et fugace, saveur douce.

Probablement toxique, au moins à l'état cru. Ce Bolet a été confondu avec le Bolet de Loup dont il a les couleurs ; il s'en distingue essentiellement par l'existence du réseau sur le pied, ce qui le rapproche par contre du Bolet Satan.

## BOLET A PIED ROUGE

*Boletus (= Tubiporus) erythropus* (Pers.) Fr.

**Habitat :** commun souvent dès le printemps, mais surtout en été et en automne dans les bois, feuillus et résineux, en lieux plutôt aérés, en plaine et en montagne, dans toute l'Europe.

**Chapeau :** massif, charnu, hémisphérique, grand (10-20 cm), brun foncé, sec et velouté en général, un peu visqueux par temps humide.

**Pied :** robuste et massif (7-15 cm), dur, souvent épaissi du bas, jaune ou teinté de brunâtre avec des ponctuations rouges, plus nombreuses au sommet.

**Tubes :** longs de 10 à 20 mm, à pores petits, jaunes, puis orangés avant de devenir d'un beau rouge, se tachant rapidement sous le doigt de bleu-vert profond. Sporée brun violacé. Spores, 13,5-16 × 5,5-7 $\mu$, en fuseau.

**Chair :** bien jaune, virant instantanément au bleu vif à la cassure, couleur s'atténuant en verdâtre. Odeur faible, saveur faible agréable.

Malgré son bleuissement intense qui effraie les amateurs débutants, c'est une bonne espèce, à chair toujours ferme, exempte d'attaque par les larves. Son bleuissement disparaît à la cuisson. Il faut noter qu'il est toxique à l'état cru.

Il existe plusieurs formes voisines variant par la couleur du chapeau.

Très rare, le **Bolet de Dupain** (*Boletus [= Tubiporus] Dupainii* Boudier) vient en été et début d'automne dans les bois de feuillus, chênes et châtaigniers. C'est une espèce robuste, à chapeau d'un rouge brillant taché de jaune, visqueux au début, et lisse. Le pied est presque obèse et forme une racine, il est à fond jaune, à pointillés rouges avec un réseau net seulement à la partie supérieure, la chair jaune clair bleuit comme les surfaces à la pression, les pores fins sont jaune orangé puis rouge de plus en plus foncé. Serait comestible, mais à respecter vu sa rareté.

## BOLET DE QUELET →

*Boletus (= Tubiporus) queletii* Schulz.

**Habitat :** plutôt méridional, parfois abondant localement sur calcaire, plus rare ailleurs, en automne dans les bois feuillus, aérés, les lisières, même dans l'herbe des prairies et des chemins boisés.

**Chapeau :** massif hémisphérique (5-15 cm) puis plan, de teinte variable, brun rouge ou orangé, marge épaisse ondulée étroitement débordante, plus claire chez le jeune, surface veloutée irrégulièrement granuleuse.

**Pied :** cylindrique, un peu épaissi, à pointe radicante, jaune soufré en haut, rouge vineux foncé en bas, dépourvu de réseau, ponctué finement de très petits grains rouges.

**Tubes :** 5-25 mm, jaunes puis verdâtres, pores étroits, rouge, orangé, jaunissant à partir de la marge, bleuissant à la pression ; spores brun olive foncé, 12-16 × 4-6 $\mu$.

**Chair :** épaisse et ferme, jaune vif, bleuissant rapidement à la cassure, d'un rouge profond, rappelant la betterave, au bas du pied. Saveur un peu acide et salée.

Ce Bolet est comestible, mais n'est pas des meilleurs, il est de plus toxique cru.

Il est très variable d'aspect selon ses stations au niveau de la couleur, de l'ornementation du pied (avec parfois vague réseau délié), des changements de couleur de la chair. Quelques variétés, parfois traitées comme bonnes espèces, ont été décrites.

Ainsi le **Bolet bicolore** (var. *discolor* [Quél.]) Alessio a un chapeau jaune ocre, plus ou moins orangé ; le pied surtout est bicolore, jaune en haut, rouge violacé, betterave, en bas. Il est beaucoup plus rare que le type. →

Le **Bolet couleur de latérite** (= var. *lateritius* Quél.) plus fréquent dans l'herbe des près des régions du Sud-Ouest, a un chapeau de couleur brique à vineux brunâtre ; il est plus petit, vient souvent en touffes, est également très rare.

## BOLET JONQUILLE ➔

*Boletus (= Tubiporus) junquilleus* Quél.) Boud.

**Habitat :** assez rare, dans les bois feuillus, les friches arborées, les lisières, sur terrain calcaire, en fin d'été et début d'automne.

**Chapeau :** hémisphérique puis étalé, moyen (5-15 cm) jaune vif, maculé de roux, passant au bleu foncé puis noircissant rapidement au froissement dû à l'environnement et à la manipulation. Surface veloutée sèche, lubrifiée par temps humide, marge mince débordante.

**Pied :** ferme, trapu (5-8 cm sur 2-4 cm), épaissi en massue vers la base jaune en haut s'éclaircissant en blanc vers la base parfois tachée de roux, sans réseau, mais à mouchetures fines un peu plus sombres, noircissant au toucher.

**Tubes :** assez longs (15-20 mm) jaunes, comme les pores fins, olivacés avec la maturation, se tachant de noirâtre à la pression ; sporée brun olivacé sombre, spores 12-16 × 4,5-6,5 $\mu$, en fuseau atténué.

**Chair :** épaisse, jaune vif bleuissant puis noircissant fortement à l'air rouge vineux betterave au bas du pied, douce.

Espèce rare, serait comestible. Très beau, entièrement jaune jonquille dans la jeunesse, il noircit à la manipulation et perd rapidement ses belles couleurs.

Le **Bolet odorant** (*Boletus [= Tubiporus fragrans]* Vitt.) est une rare espèce des bois clairs des régions atlantiques principalement. Sa forme est assez irrégulière avec un chapeau d'aspect bosselé (5-12 cm) à marge rabattue et lobée, brun rougeâtre, velouté un peu méchuleux ; pied relativement court et robuste épaissi au milieu et atténué en racine, à fond jaune, bruni par un velouté brun, sans réseau, chair jaune, verdissant légèrement à la section, odeur et goût fruités agréables au début, puis un peu amer ; tubes courts et pores jaunes puis olivâtres, virant au bleu à la pression, sporée jaune olivâtre clair.

Ce bolet est proche du Bolet rugueux (voir page suivante). Par leur revêtement, ils font la transition avec le groupe des Xérocomes avec lesquels ils ont été parfois classés.

## BOLET BLAFARD →

*Boletus (= Tubiporus) luridus* (Schaef.) Fr.

**Habitat :** parfois commun dans les bois de feuillus ou les bois mêlés ; les lieux herbeux ombragés, particulièrement sur sols neutres ou calcaires, en fin d'été et en automne.

**Chapeau :** hémisphérique (6-20 cm) puis largement convexe, dans des teintes brunes assez variables vers le jaunâtre ou vers le brun rouge et l'ocracé verdâtre ; surface sèche veloutée, puis lisse se tachant de noirâtre à la meurtrissure.

**Pied :** assez élancé (8-18 cm sur 2-5 cm), évasé en massue vers la base, plus étroit en haut, couvert d'un réseau fin, étiré, rouge vif, jaune ocracé ou un peu orangé, plus foncé violet en bas, se tachant de sombre.

**Tubes :** assez longs (20-30 mm) libres en sillon autour du pied, jaune olivâtre, pores fins, ronds, jaunes puis rouge brique, bleuissant à la pression ; sporée brun olivacé sombre, spores 11-14 × 5,5-7 $\mu$ elliptiques lisses.

**Chair :** épaisse et dure, jaune à abricot, mais rouge orangé au contact des tubes, rouge foncé violacé au bas du pied, bleuissant fortement à l'air ; saveur douce, odeur agréable (réaction positive forte à l'iode).

Bon comestible, mais toxique à l'état cru.

## BOLET RUGUEUX →

*Boletus (= Tubiporus) impolitus* Fr.

**Habitat :** assez rare, en été et en automne, dans les bois de feuillus (surtout Chênes), sur sol argileux.

**Chapeau :** hémisphérique s'étalant (10-15 cm) de teinte variable, argile, gris jaunâtre ou brunâtre ; marge épaisse prolongée en membrane débordante, surface sèche veloutée au début.

**Pied :** massif et cylindrique, ferme, clair, jaunâtre zoné de rouge en haut, blanchâtre au milieu brun à la base, fibrilleux, ou floconneux, rarement à réseau très discret, prolongé par des filaments mycéliens bruns.

**Tubes :** assez longs (10-15 mm), jaunes et le demeurant avec l'âge, comme sous la pression ; spores brun olive 10-12 × 4-5 $\mu$, elliptiques.

**Chair :** épaisse, blanchâtre, plus jaune à la limite des tubes et sous la surface du pied, ne bleuissant pas, mais se nuançant de brun à la longue à la cassure, douce, odeur d'iode au bas du pied.

Le Bolet rugueux, de bel aspect, est un assez bon comestible, mais le pied plus fibreux et coriace est à rejeter.

## SOUS-GENRE XEROCOMUS

▶ Espèce parasite (sur les sclérodermes). Chapeau brun jaunâtre . . . . . . . . . . . . . . . . . . . . . . . . . **B. parasiticus**

▶ Espèce non parasite

- ★ Espèces de petite taille. Chapeau (2-4 cm) un peu visqueux par temps humide
  - ■ Saveur très poivrée. Chapeau et pores cuivrés à la fin . . . . . . . . . . . . . . . . . . . . . . **B. piperatus**
  - ■ Saveur douce ou légèrement amère
    - ● Chapeau ocre pâle à rougeâtre. Pores rose-framboise puis brun sombre . . . . **B. amarellus**
    - ● Chapeau rose carné à rouge. Pores d'un jaune très vif . . . . . . . . . . . . . . . . . . **B. cramesinus**
- ★ Espèces de taille moyenne. Chapeau (4-12 cm)
  - ■ Chapeau légèrement visqueux et collant par temps humide. Chair bleuissant lentement à la cassure
    - ● Chapeau bai brun. Pores se tachant de bleu vert au toucher . . . . . . . . . . . . . . **B. badius**
    - ● Chapeau bai purpurin. Pores se tachant de gris foncé au toucher . . . . . . . . . . **B. badio-rufus**
  - ■ Chapeau finement velouté (au moins au début) et sec
    - ● Chair et pores bleuissant fortement et rapidement à la cassure ou au toucher. Chapeau brun noisette à roux . . . . . . . **B. pulverulentus**
    - ● Chair et pores bleuissant légèrement et lentement à la cassure ou au toucher
      - □ Chair rouge ou rosée dans les craquelures du chapeau
        - – Chapeau (4-10 cm) brun rouge . **B. chrysenteron**
        - – Chapeau (4-7 cm) orangé ou abricot . . . . . . . . . . . . . . . . . . **B. armeniacus**
        - – Chapeau (4-6 cm) rouge pourpre foncé . . . . . . . . . . . . . . . . . . . . **B. versicolor**
      - □ Chair brune dans les craquelures du chapeau
        - – Pores d'un jaune très vif (même avec l'âge)
          - - Chapeau (5-12 cm) brun olivâtre **B. subtomentosus**
          - - Chapeau (8-12 cm) rougeâtre ferrugineux . . . . . . . . . . . . . . . . **B. ferrugineus**
        - – Pores jaune citron puis olivâtres. Chapeau (4-8 cm) brun olivâtre sale **B. porosporus**
    - ● Chair et pores ne bleuissant pas à la cassure ou au toucher. Chair fauve à brun noisette . . . . . . . . . . . . . . . . . . . . . . **B. tumidus**
  - ■ Chapeau feutré. Chair et pores pratiquement immuables à la cassure ou au toucher
    - ● Chapeau brun. Pied orné d'un réseau brun grossier . . . . . . . . . . . . . . . . . . . . . . **B. lanatus**
    - ● Chapeau fauve à petites écailles feutrées. Pied un peu pelucheux . . . . . . . . . . . . **B. leoninus**

## Tableau de comparaison des Xérocomes les plus courants

| | **Bolet bai** (bon comestible) | **Bolet subtomenteux** (médiocre comestible) | **Bolet versicolore** (médiocre comestible) | **Bolet à chair jaune** (médiocre comestible) |
|---|---|---|---|---|
| Chapeau | bai brun, uniforme, velouté sur le sec, visqueux et luisant à l'humidité | brun olivâtre, très velouté, un peu craquelé sur le sec | rouge pourpre foncé, finement velouté puis lisse, craquelé sur le sec | brun rouge, finement velouté puis lisse, très craquelé sur le sec |
| Chair sous le revêtement du chapeau | teintée de brun | brune visible dans les craquelures | rosée visible dans les craquelures | rouge visible dans les craquelures |
| Pied | brun-jaune, sans réseau mais ± strié | ocracé, sans traces de rouge, à fines fibrilles ou côtes plus sombres | jaune, strié ou ponctué de rouge vif | jaunâtre, à stries ou ponctuations rougeâtres parfois entièrement rouge |
| Pores | petits, blanchâtres puis jaunes et verdissant, tachés rapidement d'un bleu vert au toucher | très grands, restant d'un jaune vif, mais bleuissant légèrement au toucher | grands, jaunes puis verdissant, se tachant d'un bleu vert au toucher | grands, jaunes puis verdissant, se tachant d'un bleu vert au toucher |

## BOLET BAI →

*Boletus (=Xerocomus) badius* Fr.

**Habitat :** dans les bois de résineux (surtout sous pins), plus rarement sous feuillus, sur sol acide, en été et en automne ; très commun en plaine, plus rare en montagne.

**Chapeau :** charnu, de taille variable (8-15 cm), hémisphérique puis plan, d'un beau brun foncé, châtaigne, uniforme, doux et velouté par temps sec, un peu luisant collant par temps humide ; revêtement non séparable.

**Pied :** assez grêle, cylindrique ou à peine renflé au milieu, lisse, brun-jaune, un peu pruineux.

**Tubes :** longs de 6 à 15 mm à pores petits plus ou moins anguleux, blanchâtres, puis jaunes, passant au vert à maturité, rapidement tachés de bleu-vert sous le pouce ; spores brun olive clair (10-15 × 4-6 $\mu$) en forme de fuseau.

**Chair :** blanc jaunâtre, épaisse, un peu molle, bleuissant à la cassure au bout d'un certain temps, et faiblement brun-rouge sous le revêtement ; odeur faible, saveur douce.

C'est un bon comestible, en général dédaigné (à cause du bleuissement de sa chair) mais il est toxique cru, localement très abondant. Ce Bolet à revêtement velouté, tendant à être visqueux dans certaines conditions, fait la transition avec les Bolets des Pins, nettement visqueux.

Le **Bolet fauve-brun** (*Boletus [=Xerocomus] badio-rufus* Heim) est semblable, plus trapu, brun foncé taché de pourpre, à pied orné de petites mèches foncées, au sommet réticulé, à pores grisâtres se tachant de gris foncé à la pression. Espèce méconnue des pinèdes et des landes boisées, en terrain siliceux.

## BOLET SUBTOMENTEUX →

*Boletus (=Xerocomus) subtomentosus* (L.) Fr.

**Habitat :** assez commun en été et en automne dans les bois de résineux ou de feuillus.

**Chapeau :** de taille moyenne (5-12 cm), hémisphérique puis plan, se retroussant en coupe dans les lieux secs, très velouté, brun olivâtre, un peu craquelé sur le sec, laissant apparaître la chair brune sous le revêtement.

**Pied :** peu épais, long de 5 à 12 cm, plein, souvent courbé, atténué à la base, ocracé, soit simplement ridé de fines fibrilles plus sombres, soit orné de côtes formant un vague réseau irrégulier.

**Tubes :** longs (jusqu'à 20 mm), à très grands pores anguleux, restant d'un jaune vif même avec l'âge, mais bleuissant légèrement au toucher. Spores brun olive clair (11-15 × 4-6 $\mu$), en forme de fuseau.

**Chair :** épaisse, molle, blanchâtre ou jaune pâle, ne bleuissant pas ou très peu à la cassure, plus foncée (brune) sous le revêtement du chapeau et à la base du pied, saveur douce, odeur faible.

Espèce comestible, mais sans intérêt, car trop molle et insipide. Elle se distingue facilement du Bolet à chair jaune (aussi médiocre comestible) par son chapeau plus grand sans traces de rouge entre ses craquelures, et son pied orné de côtes irrégulières.

Le **Bolet ferrugineux** (*Boletus [=Xerocomus] ferrugineus* Schaef.) des mêmes milieux, mais surtout sous conifères, ne serait qu'une simple variété du Bolet subtomenteux dont il diffère par sa taille généralement plus grande, mais aussi par son chapeau d'un brun rougeâtre ferrugineux, dont la chair rosit lentement au contact de l'ammoniaque (alors qu'elle reste invariable dans le type).

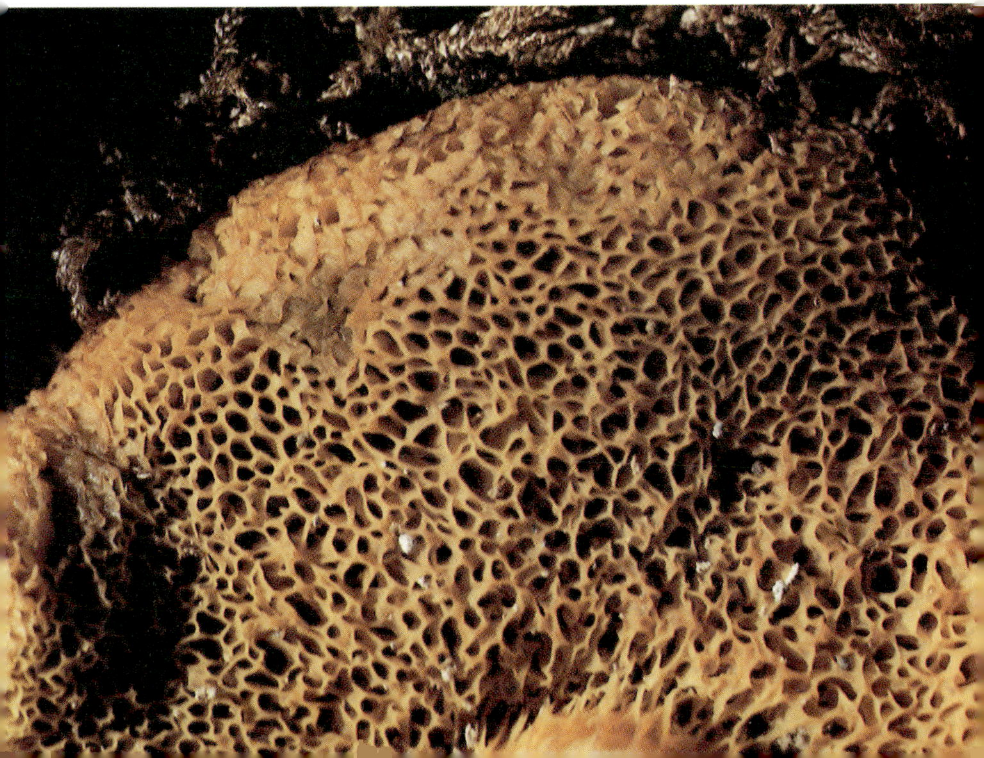

## BOLET VERSICOLORE →

*Boletus (=Xerocomus) versicolor* Rost

**Habitat :** plus que les bois il habite les lieux boisés herbeux, lisières, haies, talus, en été et en automne.

**Chapeau :** d'abord convexe, puis plan (4-6 cm), à marge relevée à la fin, finement velouté au début puis vite lisse, rouge pourpré foncé, taché par places (marge, sommet) d'ocre avec l'âge, se craquelant sur le sec en laissant apparaître la chair rosée sous le revêtement.

**Pied :** élancé, long de 3 à 7 cm, plein, atténué aux deux extrémités, souvent courbé, à fond jaune taché d'une pruine rouge sang formant des ponctuations ou des stries longitudinales.

**Tubes :** longs de 8-10 mm, à grands pores anguleux, jaunes puis verdissant, d'un bleu vert au toucher. Spores brun olivâtre (11-15 $\times$ 5-6 m) en forme de fuseau.

**Chair :** épaisse, molle, jaunâtre, bleuissant légèrement à la cassure, rosée sous le revêtement du chapeau et à la base du pied, saveur douce, odeur faible.

Le **Bolet laineux** (*Boletus [=Xerocomus] lanatus* [Fr.] Rost.) est proche du Bolet subtomenteux, dont il diffère par son chapeau plus feutré que velouté, son pied portant dans les 2/3 supérieurs un réseau grossier très en relief formé de côtes brunes, sa chair blanche dans le chapeau, ne bleuissant pratiquement pas à la cassure. En automne dans les bois feuillus (surtout bouleaux) et mêlés.

## BOLET A CHAIR JAUNE →

*Boletus (=Xerocomus) chrysenteron* (Bull.) Fr.

**Habitat :** peut-être le plus commun des Bolets, abondant dès l'été et en automne dans les bois de feuillus et de résineux, sur sol acide et humifère, en plaine et en montagne.

**Chapeau :** de taille à peine moyenne (4-10 cm), convexe, puis étalé, plan, sec, velouté, brun-rouge, presque toujours craquelé en plaques laissant apparaître la chair rouge sous le revêtement.

**Pied :** très grêle, court (4-8 cm), plein et fibreux, jaunâtre, avec des fibrilles ou des ponctuations longitudinales rougeâtres, parfois entièrement rouge.

**Tubes :** longs de 8 à 10 mm, à pores grands (1 mm), anguleux, jaunes puis verdissant se tachant de bleu vert au toucher. Spores brun olivâtre (11-15 × 5-6 m) en forme de fuseau.

**Chair :** épaisse, jaunâtre, bleuissant légèrement, molle, rouge sous le revêtement, saveur douce, odeur faible.

Espèce comestible, mais trop molle et insipide.

En vieillissant, les Bolets du groupe Chrysenteron sont attaqués par une moisissure d'une vive teinte jaune, spectaculaire *(Hypomyces chrysospermum).*

Se distingue d'une espèce proche (aussi médiocre comestible), le Bolet subtomenteux, par sa chair rouge sous le revêtement du chapeau (et non brune), ses pores d'abord jaunes puis verdissant (et non restant jaune vif).

Le **Bolet abricot** (*Boletus [=Xerocomus] armeniacus* Quél.) est intermédiaire entre le Bolet à chair jaune et le Bolet versicolore. Il est caractérisé par son chapeau (4-7 cm) orangé ou abricot avec des taches ocracées, à chair jaune rosé visible entre les craquelures, et par son pied rétréci et souvent orangé à la base, jaune dans le haut, parsemé longitudinalement d'une pruine rosée brunissant avec l'âge. C'est un médiocre comestible que l'on rencontre en été dans les bois siliceux de feuillus ( chênes, châtaignier) ou de résineux (pin maritime).

## BOLET A SPORES PORÉES →

*Boletus (=Xerocomus) porosporus* (Imler) Watl.

**Habitat :** espèce estivale rare des bois de feuillus (surtout de bouleaux) ou des bois mêlés de feuillus et de conifères.
**Chapeau :** petit à moyen (jusqu'à 8 cm) nettement velouté au début, à la fin d'un brun olivâtre sale et très fortement craquelé, montrant une chair d'un brun jaunâtre sous le revêtement.
**Pied :** élancé, long de 9-10 cm, plein, atténué à la base, à fond jaune taché de plages olivâtres et un peu marqué de rouge.
**Tubes :** assez longs, à pores anguleux d'un jaune citron puis olivâtre, bleuissant au toucher. Spores brun olivâtres (11-15 × 5-6 μ) en forme de fuseau, tronquées à une extrémité et terminées par un pore germinatif (ce caractère très particulier existant chez des espèces exotiques est unique chez les bolets de nos régions).
**Chair :** épaisse, molle, d'un blanc jaunâtre plus foncée sous le revêtement et à la base du pied, bleuissant à la cassure. Saveur douce, odeur faible.

## BOLET PARASITE →

*Boletus (=Xerocomus) parasiticus* (Bull.) Fr.

**Habitat :** parasite exclusivement localisé sur les Sclérodermes, sur lesquels il apparaît en abondance certaines années en automne, isolé, ou en groupes d'une dizaine de chapeaux de taille variable.
**Chapeau :** hémisphérique puis plan (3-8 cm), à marge parfois relevée, ondulée, brun jaunâtre plus ou moins foncé, surface sèche, veloutée, craquelée par la sécheresse, montrant la chair jaune.
**Pied :** long de 2 à 7 cm, naissant à la face inférieure du Scléroderme, près du sol, se courbe vers la face supérieure de son hôte ; cylindrique assez égal, plein et ferme, fibrilleux, jaunâtre, ponctué de flocons bruns au sommet.
**Tubes :** assez courts (5 mm), descendants en lames sur le pied, difficilement séparables, à pores grands plus ou moins anguleux, jaune citron puis un peu rougeâtre et brunâtre, non bleuissants ; spores brun olive sombre (11-18 × 4-6 μ) en forme de fuseau.
**Chair :** assez mince, jaune citron, ne variant pas à la cassure, saveur douce, odeur faible.

Espèce curieuse par son habitat, seul Bolet parasite, médiocre comestible.

## BOLET PULVÉRULENT ➔

*Boletus (=Xerocomus) pulverulentus* Opat.

**Habitat :** peu commun et souvent localisé, seul ou en petits groupes, dans les lieux aérés, bois clairs, lisières, parcs, surtout sous feuillus en été et en automne.

**Chapeau :** moyen (6-12 cm), étalé, brun noisette, à roux, marge mince régulière, surface sèche veloutée puis glabre, brillante.

**Pied :** robuste (4-10 cm), s'évasant au sommet, pointu et atténué en racine en bas, ferme, fibrilleux ou floconneux, jaunâtre en haut, ponctué de rouge au milieu, brunâtre à la base, noircissant à la pression.

**Tubes :** jaune, olivâtre (6-10 mm), à pores assez larges jaunes se tachant de bleu à la pression ; spores brun olivâtre ($11\text{-}16 \times 3{,}5\text{-}6\ \mu$) en forme de fuseau.

**Chair :** épaisse, un peu molle, jaune bleuissant puis noircissant fortement à la cassure, jaune vif, brun rougeâtre au bas du pied, saveur douce, odeur faible un peu fruitée.

Ce Bolet est un médiocre comestible.

Quelques espèces habituellement petites et à chair blanc jaunâtre ou brunâtre, ne bleuissant pas à la cassure sont Intermédiaires entre le Bolet bai et le Bolet subtomenteux ; elles sont considérées par certains comme des formes sans intérêt, alors que d'autres en font des espèces bien distinctes :

Le **Bolet couleur de lion** (*Boletus [=Xerocomus] leoninus* Boud.) est une rare espèce des feuillus (chênes, châtaigniers) à chapeau (3-8 cm), fauve, portant de fines écailles feutrées, à pied de même couleur un peu pelucheux, pores jaunes, insensibles au toucher.

Le **Bolet à pied renflé** (*Boletus [=Xerocomus] tumidus* Fr.) est aussi une rare espèce des bois feuillus (bords des chemins, clairières) souvent confondu avec le Bolet subtomenteux. Son chapeau (3-6 cm) fauve ou brun noisette, très finement velouté au début, devient très vite glabre, ce qui lui donne un aspect lisse et brillant. Le pied un peu plus clair que le chapeau est plus ou moins renflé en son milieu ou plus bas, lisse ou finement strié. Pores jaunes, puis ocracés, invariables au toucher.

## BOLET POIVRÉ →

*Boletus (=Xerocomus) piperatus* (Bull.) Fr.

**Habitat :** en été et en automne sous résineux et sous feuillus (surtout bouleaux).

**Chapeau :** de petite taille (2-5 cm) convexe, puis plan, à marge ondulée et relevée à la fin, à surface lisse légèrement visqueuse au début par temps humide (comme chez les Ixocomes), puis sèche (comme chez les Xérocomes) et luisante, de teinte caractéristique brun ocre à rouge cuivré.

**Pied :** grêle (3-8 cm), plein, souvent courbé, retenant à la base des cordons mycéliens d'un jaune vif, brun cuivré dans le haut, un peu strié.

**Tubes :** moyens (6-8 mm), légèrement descendants sur le pied, à très grands pores anguleux rougeâtres, puis prenant comme le chapeau une teinte cuivrée particulière et invariable au toucher. Spores brun olive rougeâtre (8-14 × 3-4 $\mu$) en forme de fuseau.

**Chair :** d'épaisseur moyenne, molle, invariable à la cassure, d'un blanc rosé dans le chapeau, jaune dans le pied, inodore, mais à saveur extrêmement poivrée, ce qui permet de l'utiliser comme condiment et de le reconnaître facilement.

Cette espèce particulièrement petite pour un bolet se reconnaît facilement à sa teinte cuivrée, à son goût poivré, et aux restes de mycelium d'un jaune vif restant normalement attachés à la base du pied. Les Bolets du groupe *piperatus* ont des caractères intermédiaires entre ceux des sous-genres *Xerocomus* et *Ixocomus,* d'après le revêtement de leur chapeau non visqueux on peut les placer chez les *Xerocomus,* et d'après leurs caractères microscopiques chez les *Ixocomus ;* on a même créé pour eux un sous-genre nouveau : *Chalciporus.*

## BOLET AMARESCENT →

*Boletus (=Xerocomus) amarellus* Quél.

Pratiquement des mêmes milieux, mais plus rare, il est souvent considéré comme une simple variété douce du Bolet poivré. Un peu plus petit (chapeau et pied ne dépassant pas 3-4 cm), d'un ocre plus pâle à peine rougeâtre. Pores d'abord rose-framboise, puis brun rouge sombre. Chair comme celle du Bolet poivré, mais à saveur presque douce, légèrement amère-piquante tardivement.

Le **Bolet cramoisi** (*Boletus [=Xerocomus] cramesinus* Secr.) est assez rare dans les lieux humides, ou les anciennes places brûlées comme les charbonnières, sous feuillus ; c'est une petite espèce à chapeau (2-5 cm) visqueux, brillant, rose carné à rouge, brunissant en vieillissant ; le pied grêle est jaune pâle, les pores larges sont jaune vif, les spores brun olivâtres (14-18 × 5-7 $\mu$) sont en forme de fuseau allongé. Il est habituellement classé dans le sous-genre *Xerocomus* d'après ses caractères microscopiques et son aspect le rapproche assez des Bolets à chair jaune, mais le revêtement visqueux de son chapeau en ferait un *Ixocomus ;* à cause de ces caractères intermédiaires, et comme chez le Bolet poivré, on a créé un sous-genre nouveau : *Aureoboletus.*

- ▶ un anneau ± fugace sur le pied et des débris de voile sur le chapeau
  - ★ Espèces propres aux pins. Anneau ± violacé
    - ■ Chapeau brun violacé foncé. En plaine et en montagne ordinairement sous pins à 2 feuilles . . . . . . . . . . . . . . . . . . . . . . . **B. luteus**
    - ■ Chapeau jaune puis devenant brun marron vers le centre. Uniquement en montagne (Alpes) sous arolle . . . . . . . . . . . . . . . . . **B. sibiricus**
    - ■ Chapeau jaune pâle. Uniquement en montagne (marécages et tourbières) sous pin à crochet ou pin mugho . . . . . . . . . . . . . . . . **B. flavidus**
  - ★ Espèces propres aux mélèzes (même dans leurs peuplements introduits en dehors des Alpes ou en plaine)
    - ■ Chapeau jaune. Anneau blanc jaunâtre
      - ● Pores jaune citron et fins . . . . . . . . . . **B. elegans**
      - ● Pores grisâtres et larges . . . . . . . . . . . **B. flavus**
    - ■ Chapeau blanc verdâtre. Anneau blanc brunâtre et larges pores grisâtres . . . . . . . . **B. viscidus**
    - ■ Chapeau cuivré et ± écailleux. Anneau jaune roux et pores jaune orangé . . . . . . . . . . . **B. tridentinus**
  - ★ Rare espèce à chapeau jaune citron peu visqueux, venant en touffes sur sciure ou bois très décomposés de résineux. Anneau floconneux très fugace . . . . . . . . . . . . . . . . . . . . . . . . **B. sulfureus**
- ▶ Pas d'anneau sur le pied ni de traces de voile
  - ★ Chair jaune bleuissant à la cassure
    - ■ Chapeau jaune ocracé, moucheté d'écailles brunes. Pores moyens serrés, brun olivacé. Odeur de chlore. Sous les pins à 2 feuilles **B. variegatus**
    - ■ Chapeau brun jaune rouillé, crevassé-écailleux avec l'âge. Pores amples jaune pâle. Odeur fruitée. Sur souches ou bois pourrissants de résineux divers . . . . . . . . **B. lignicola**
  - ★ Chair jaunâtre ou blanche ne bleuissant pratiquement pas à la cassure (RR rosissant ou grisonnant légèrement)
    - ■ Espèces liées à des pins à 5 feuilles
      - ● Pied allongé. Chair jaune grisonnant à la cassure. Sous arolle (Alpes) ou pin Weymouth en plaine . . . . . . . . . . . . . . . . . **B. placidus**
      - ● Pied normalement court. Chair blanchâtre invariable. Exclusif de l'arolle (Alpes) **B. plorans**
    - ■ Espèce liée aux pins à 2 feuilles
      - ● Très grands pores anguleux non pleureurs. Chapeau fauve clair. Chair jaunâtre, rosissant parfois à la cassure. Base du pied et mycelium rose . . . . . . . . . . **B. bovinus**
      - ● Pores petits ± anguleux, pleurant dans la jeunesse des gouttelettes laiteuses,

## Tableau de comparaison des Ixocomes les plus courants

| | **Nonette des pins** (bon comestible) | **Bolet granulé** (bon comestible) | **Bolet des bouviers** (médiocre comestible) | **Bolet moucheté** (médiocre comestible) |
|---|---|---|---|---|
| Chapeau | très visqueux et collant, brun violacé foncé | visqueux et luisant, brun jaune à roussâtre | visqueux et brillant fauve assez clair | un peu visqueux, jaune ocracé, tout moucheté d'écailles brunes |
| Chair | jaunâtre immuable | jaunâtre immuable | jaunâtre, rosissant parfois très légèrement à la cassure, très élastique | jaune, bleuissant à la cassure |
| Pied | anneau blanc violacé ± fugace, avec au-dessus de fines granulations brunes | sans anneau, à granulations brun rouille dans le haut | sans anneau, ni granulations, légèrement strié | sans anneau, ni granulations, lisse ou légèrement velouté |
| Pores | petits ± arrondis, jaune vif puis brun jaunâtre, invariables au toucher | petits ± anguleux, jaune soufre, invariables au toucher, pleureurs (goutelettes laiteuses) | très grands pores anguleux, jaune ocracé puis olivâtres, brunissant au toucher | pores moyens, serrés ± anguleux, brun olivacé, bleuissant un peu au toucher |

laissant en se desséchant des granulations jaunes ou brunes sur le pied

— Chapeau brun jaune, uni. Chair jaunâtre invariable. Base du pied et mycelium blanc jaunâtre . . . . . . . . . . . . **B. granulatus**

— Chapeau brun marron, vergeté. Chair jaunâtre invariable. Base du pied et mycelium d'un beau rose . . . . . . . . **B. collinitus**

— Chapeau d'abord blanchâtre puis brun, uni. Chair blanche invariable. Base du pied et mycelium blanchâtres . . . . . **B. leptopus**

## NONETTE DES PINS →

*Boletus (=Ixocomus) luteus* (L.) Fr.

Nonette voilée ; Bolet annulaire ; Bolet jaune.

**Habitat :** il est très commun dans les pinèdes surtout herbeuses, en été et en automne ; sur tous substrats, de la plaine à la montagne.

**Chapeau :** hémisphérique (5-12 cm), très visqueux (retenant les aiguilles de Pins), d'un beau brun violacé foncé, châtaigne, son revêtement épais est très facilement pelable, et a tendance à se strier avec l'âge et à s'éclaircir.

**Pied :** cylindrique (5-11 cm), jaune pâle. Dans la jeunesse, un large voile recouvre les pores, d'où le nom de Bolet voilé ou Nonette. Il retombe en anneau membraneux, blanc violacé, qui se dessèche en brunissant, et peut disparaître. Au-dessus de son insertion, le pied est plus clair, et ponctué plus ou moins nettement.

**Tubes :** longs de 7-15 mm, très légèrement descendants sur le pied, à pores petits plus ou moins arrondis, jaune vif, puis d'un brun jaunâtre, restant concolores au toucher. Spores brun ocracé ($7\text{-}10 \times 3\text{-}4\ \mu$), en forme de fuseau.

**Chair :** ferme chez le jeune, puis molle, jaunâtre immuable, douce, odeur agréable.

C'est une des meilleures espèces des Bolets des Pins, ne valant pas cependant, et de loin, les Cèpes, et qu'il ne faut pas oublier de « peler » si possible dès la récolte ou au plus tard avant la cuisson, le mieux d'ailleurs étant de n'utiliser que des chapeaux débarrassés de leur revêtement, de leurs tubes et de leur pied.

Le **Bolet de Sibérie** (*Boletus (= Ixocomus) sibiricus* Sing.) est une espèce assez rare des peuplements d'arolles dans les Alpes. Chapeau à revêtement visqueux crevassé par temps sec, jaune vers la marge, plus ou moins fauve puis brun marron vers le centre. Pied jaune, à anneau d'un blanc violacé fugace, très parsemé de granules rouge vineux provenant des gouttelettes tombant des pores, d'abord jaunes puis olivâtres. Chair jaune clair, brunissant à la cassure.

## BOLET ÉLÉGANT DU MÉLÈZE ➔

*Boletus (=Ixocomus) elegans* (Schum.) Fr.

Bolet de Gréville.

**Habitat :** lié au mélèze de la plaine à la montagne, en été et en automne. Fréquent, en troupes nombreuses et suivant fidèlement son hôte implanté hors de son aire naturelle, dans les parcs par exemple.

**Chapeau :** hémisphérique puis plan (5-10 cm) très visqueux, jaune orangé, marge débordante.

**Pied :** cylindrique (5-10 cm), de même couleur pourvu dans la jeunesse d'un voile retombant en anneau blanchâtre, persistant plus ou moins, parfois sous forme de lambeaux ; marqué de granulations ou d'un léger réseau jaunâtre dans le haut, fibrilleux au-dessous de l'anneau.

**Tubes :** courts (5 mm), descendant légèrement sur le pied, fins, pores étroits, anguleux, jaune citron, puis plus ou moins olivâtres, virant au gris rouille au toucher.

**Chair :** ferme dans la jeunesse, mollissant ensuite, jaune, se teinte légèrement de rose par marbrures à la cassure ; douce, à odeur agréable.

Comme le Bolet granulé, comestible, mais plus médiocre. Ne pas oublier de peler le chapeau.

Le **Bolet jaune du Mélèze** (*Boletus [ = Ixocomus] flavus* [With.] Fr.) à chapeau jaune citron des mêmes milieux a des pores plus grands, d'un jaune grisâtre, sa chair claire jaune citron bleuit à la cassure.

Le **Bolet jaune des marais** (*Boletus [ = Ixocomus] flavidus* Fr.) est une rare espèce des tourbières et marais des zones montagneuses, liée aux pins (pin à crochets, pin mugho) ressemblant, en plus petit, au Bolet élégant ; très visqueux, chapeau jaune pâle, conique puis mamelonné et strié ; a anneau marqué par une zone visqueuse violacée, puis brune ; pores jaunes vif puis brunâtres ; chair jaune pâle, rosissant un peu à la cassure.

## BOLET VISQUEUX ➔

*Boletus (=Xerocomus) viscidus* (L.) Fr.

Bolet vert de gris ; Bolet aerugineux.

**Habitat :** assez commun et abondant de juin à l'automne, sous mélèzes en plaine et en montagne.

**Chapeau :** très visqueux (4-10 cm), blanc jaunâtre à grisâtre nuancé de verdâtre, à voile persistant souvent en lambeaux à la marge.

**Pied :** pas très long (4-10 cm), de même teinte que le chapeau, avec un fin réseau grisâtre au-dessus d'un anneau visqueux blanc se collant à lui en noircissant, à base floconneuse.

**Tubes :** descendant légèrement sur le pied, à pores amples anguleux, gris pâle puis gris brun, virant au gris verdâtre au toucher. Spores brun tabac (9-12 × 4-5 $\mu$), en forme de fuseau.

**Chair :** molle, blanchâtre devenant jaune verdâtre à la base du pied,

bleuissant ou rosissant légèrement par places à la cassure. Saveur et odeur faibles.

Aussi médiocre comestible que le Bolet élégant du mélèze.

Dans les montagnes (Alpes, Jura, etc.), on trouvera le **Bolet du Trentin** (*Boletus [ = Ixocomus] tridentinus* Bres.) qui se reconnaît à son chapeau cuivré et écailleux, à ses pores jaune-orange, sa chair jaunâtre, ne bleuissant pas, mais rosissant un peu à la cassure, son anneau jaune-roux mince et fragile. Il ne vient que sous les mélèzes en été et en automne.

## BOLET GRANULÉ ➔

*Boletus ( = Ixocomus) granulatus* (L.) Fr.

Vachette, beurré.

**Habitat :** très commun et précoce dès le printemps, en été et en automne dans les pinèdes claires, indifférent à la nature du sol, mais très variable d'aspect.

**Chapeau :** convexe (5-15 cm), roussâtre, brun jaune à marge un peu débordante, uni ; cuticule visqueuse facilement détachable.

**Pied :** élancé (5-10 cm), mince et jaune, sans anneau, muni au sommet de granulations jaunes ou foncées qui lui ont donné son nom, et avec à sa base des traces de mycélium blanc jaunâtre.

**Tubes :** courts (5-10 mm) très fins, jaune clair ; pores petits, plus ou moins anguleux, jaune soufre, pleurant dans la jeunesse des gouttes laiteuses (on l'appelle parfois aussi Bolet pleureur), invariables au toucher ; spores brun ocre ($9\text{-}13 \times 4\text{-}5\ \mu$) en forme de fuseau.

**Chair :** épaisse et relativement ferme, jaunâtre, ne bleuissant pas ; douce, odeur agréable.

Le Bolet granulé est un bon comestible, à condition de le prendre jeune et de lui oter sa cuticule visqueuse, mais il peut avoir un effet purgatif sur certaines personnes.

## BOLET DES COLLINES ➔

*Boletus ( = Ixocomus) collinitus* Fr.

Bolet de Fleury ; Bolet enduit.

**Habitat :** en automne dans les pinèdes de pins à 2 feuilles (comme le pin sylvestre) en terrain calcaire. Plus rare que le Bolet granulé et souvent confondu avec lui.

**Chapeau :** convexe (5-12 cm), brun marron, rayé de fines fibrilles rayonnantes plus sombres (vergeté comme celui de l'Amanite phalloïde), et à revêtement visqueux facilement séparable de la chair.

**Pied :** court (3-7 cm), jaune, sans anneau, parsemé sur presque toute sa longueur de granulations brun rouille, et retenant à sa base des traces de mycélium d'un beau rose.

**Tubes et chair :** comme chez le Bolet granulé, ainsi que la comestibilité.

Parmi les Bolets du même groupe, le **Bolet de Bellini** (*Boletus [=Xerocomus] leptopus* Pers.) recherche les zones chaudes littorales, de préférence méridionales, où il apparaît plus tardivement dans les pinèdes (pin d'Alep, pin parasol, pin maritime, ou plus rarement pin sylvestre). Son chapeau, pelable et visqueux, est d'abord blanc sale, puis brun. Le pied très court est bien caractérisé, blanc, moucheté de granulations rouge brun ou violacé plus ou moins foncées, avec à sa base des traces de mycélium blanchâtre. La chair est épaisse blanche, rougeâtre sous le revêtement. C'est un bon comestible, mais il peut avoir des effets purgatifs.

## BOLET DES BOUVIERS ➔

*Boletus (=Ixocomus) bovinus* (L.) Fr.

**Habitat :** à partir de juillet jusqu'en automne, dans les bois siliceux, humides, de pins, où il forme des cercles de chapeaux nombreux, souvent en touffes ; du littoral à la montagne.

**Chapeau :** hémisphérique puis plan, convexe (5-12 cm) à marge ondulée irrégulière. teinte fauve, assez claire, visqueux, brillant, revêtement séparable.

**Pied :** de la couleur du chapeau, lisse (sans aucune granulation), grêle, sans anneau, assez court (4-8 cm), arqué dans le bas.

**Tubes :** assez courts (4-7 mm), à très grands pores anguleux (1-2,5 mm), parfois composés, jaune ocracé, puis olivâtres, se tachant de brun sous le doigt, mais ne bleuissant pas, assez courts et difficilement séparables du chapeau, descendant nettement sur le pied. Spores brun olivâtre (8-11 × 3-4 $\mu$) en forme de fuseau.

**Chair :** épaisse dans le chapeau, molle, très élastique (plie sans se casser), jaunâtre et le demeurant (parfois rosissant très légèrement), odeur nulle, saveur douce, fade.

Ce Bolet est un très médiocre comestible ce que traduit son nom : les espèces nobles seules étaient réservées à la table des notables ; les autres se contentant du tout venant ! Il est bien caractérisé par ses tubes assez courts difficilement séparables du chapeau, descendant sur le pied, et à très grands pores anguleux.

Le **Bolet placide** (*Boletus [=Ixocomus] placidus* Bon.) est lié aux Pins à 5 aiguilles, arolle en montagne (Alpes), pin Weymouth introduit en plaine. Il est entièrement blanc, teinté de rosé ou de jaune clair, avec un pied sans anneau moucheté de brun, et des pores jaunâtre, pleureurs à chair jaune grisonnant à la cassure.

Le **Bolet pleureur** (*Boletus (=Ixocomus) plorans* Rolland) est très voisin, rare et exclusif de l'arolle ou pin cembrot, en haute-montagne dans les Alpes. Son chapeau d'abord blanc passe du bistre roussâtre au brun foncé, plus ou moins violacé par la coloration de la mucosité qui le recouvre. Son pied sans anneau, normalement court, est taché de granules brun violacé. Ses pores larmoyants sont d'abord blanchâtres puis brun jaunâtre ou roussâtre. Sa chair est d'un blanc à peine teinté de jaune.

## BOLET MOUCHETÉ ➔

*Boletus (= Ixocomus) variegatus* (Swar.) Fr.

Bolet tacheté.

**Habitat :** en troupes souvent très nombreuses, sous pinèdes en terrain acide, en été et en automne, en plaine comme en montagne.

**Chapeau :** vite plan, (5-12 cm), ocracé, un peu visqueux, tout moucheté d'écailles brunes, disparaissant en tombant dans la vétusté ; marge enroulée, ondulée, un peu débordante.

**Pied :** cylindrique (4-11 cm) de même couleur ou plus clair, ferme, sans anneau, lisse ou légèrement feutré fibrilleux.

**Tubes :** jaunâtre (10 mm), descendant légèrement sur le pied, pores moyens serrés d'une couleur bien particulière, foncée où le brun se mêle d'olivacé bleuissant un peu à la pression ; spores brun olive (8-11 × 3-4 μ), en forme de fuseau.

**Chair :** de consistance assez ferme chez le jeune, puis mollissant, jaune, bleuissant légèrement à l'air, à odeur légère, peu agréable, d'eau de Javel.

Comestible peu estimé. Il se distingue des autres bolets de pins à chapeau très visqueux (Ixocomes), par le sien fortement moucheté de brun foncé, à peine visqueux, ses pores moyens plus ou moins anguleux très serrés, et son odeur de chlore.

## BOLET LIGNICOLE ➔

*Boletus (= Ixocomus) lignicola* Kall.

**Habitat :** espèce estivale rare poussant à la base des souches ou sur bois enterrés pourrissants de conifères (épicéa, mélèzes, cèdres, pin sylvestre, pin Weymouth). Les nouveaux sous-genres *(Pulveroboletus* ou *Buchwaldoboletus ?)* dans lesquels on la classe parfois tirent leur justification principale (!) de cet habitat assez particulier pour un bolet.

**Chapeau :** hémisphérique puis étalé-convexe (4-12 cm) à bords irréguliers d'abord enroulés, brun jaune rouillé, devenant crevassé-écailleux avec l'âge.

**Pied :** court et massif (3-8 cm), sans anneau, avec sur fond jaune et sauf dans le haut une fine pruine d'un brun rougeâtre, et avec à sa base des traces de mycelium jaune.

**Tubes :** assez courts (5-15 mm), descendant plus ou moins longuement sur le pied, à pores amples anguleux d'un jaune pâle puis verdissant avec l'âge, se tachant de bleu vert au toucher. Spores brun olive (6-9 × 3-5 μ), en forme de fuseau.

**Chair :** épaisse, tendre, jaune, virant lentement à la cassure au vert-bleu léger. Odeur et saveur netement fruitées.

Comestible sans intérêt comme le Bolet moucheté.

Le **Bolet soufré** (*Boletus [ = Ixocomus] sulfureus* [Bull.] Fr.) est une rare espèce venant en touffes sur sciure de résineux ou bois très décomposé. Son chapeau (10-20 cm) visqueux par temps humide,

autrement velouté, est jaune citron, avec une marge enroulée ; le pied élancé est jaune, brillant, lisse en haut, avec une zone annulaire fugace, granulé vers la base teintée de rougeâtre, avec des filaments mycéliens jaune vif.

## SOUS-GENRE KROMBOLZIA

- ▶ Chapeau jaune ou brun, pores bien jaunes avant complète maturité ; chair virant à la cassure, espèces de taille moyenne à grande
  - ★ Chapeau jaune, au moins au début
    - ■ La chair jaune vif vire au rougeâtre puis au noir ; espèce des feuillus en région tempérée **B. crocipodius**
    - ■ La chair blanc-jaunâtre vire au roux et au lilas ; espèce liée aux cistes et chênes-verts en région méditerranéenne ........... **B. corsicus**
  - ★ Chapeau brun
    - ■ Chair blanchâtre, rougissant, puis grise ; sous charmes .................... **B. brunneo-badius**
    - ■ Chair jaunâtre, virant faiblement au rose, puis lilas sous chênes-verts .......... **B. lepideus**
- ▶ Chapeau roux, fauve, brun roux ; pores grisâtres-jaunâtres ; chair virant au violacé
  - ★ Liés aux feuillus ; grandes espèces massives
    - ■ Espèces des bouleaux ; chair virant au violet foncé
      - ● Chapeau roux ; mouchetures du pied brun roux à marron .................. **B. aurantiacus**
      - ● Chapeau jaune orangé, mouchetures du pied rapidement noires ............ **B. rufescens**
    - ■ Espèce liée aux chênes à feuilles caduques ; chair virant au vineux grisâtre ......... **B. quercinus**
  - ★ Liés aux résineux en montagne ; espèces moyennes à grandes
    - ■ Sous épicéas ; chapeau brun roux foncé . **B. piceinus**
    - ■ Sous pins sylvestres ; chapeau roux .... **B. vulpinus**
- ▶ Chapeau de couleur variable, de blanc, chamois gris à noir, mais ni jaune vif ni roux ; pores blancs ou gris au début ; chair variable ou non. Espèces moyennes ou petites.
  - ★ Chapeau ± blanc ; sous bouleaux ; chair immuable ou non
    - ■ Espèce grêle, blanche, des milieux humides, à long pied ; mouchetures blanches, chair immuable ........................ **B. holopus**
    - ■ Petite espèce blanche, puis envahie de verdâtre ; pied à mouchetures brunissant, chair rosissante ...................... **B. thalassinus**

■ Grosse espèce blanche se teintant de rougeâtre, pied à mouchetures brunissant, chair virant au noir violacé . . . . . . . . . . . . . . . **B. percandicus**

★ Chapeau non blanc ; chair sensiblement immuable ; sous bouleaux ou saules

■ Pores blancs ; chapeau beige clair ; pied moucheté de blanc . . . . . . . . . . . . . . . . . . . . **B. avellaneus**

■ Pores crème ; chapeau ocracé clair ; pied à mouchetures foncées . . . . . . . . . . . . . . . **B. subrotundifolius**

■ Pores gris rosés

● Chapeau brun jaune ± foncé, mouchetures du pied brun noir . . . . . . . . . . . . **B. leucopheus**

● Chapeau brun clair ; mouchetures du pied claires ; du bleu vert au bas du pied . . **B. coloratipes**

★ Chapeau non blanc ; chair se colorant à la cassure

■ Chair devenant rousse ; espèce brune, à pores bruns et mouchetures du pied brunes **B. mollis**

■ Chair devenant rose, puis grisonnant ou fonçant plus ou moins en ardoise ou vineux ; pores jaunâtres

● Espèce liée aux peupliers, dure ; chair à la fin violacée . . . . . . . . . . . . . . . . . . **B. duriusculus**

● Espèce liée aux charmes, molle, à chapeau cabossé, chair à la fin violacée . . **B. carpini**

● Espèces liées aux bouleaux en milieu acide

□ Pores gris crème se tachant de rouge vineux à la pression ; pied bleu vert à la base . . . . . . . . . . . . . . . . . . . . . **B. variicolor**

□ Pas de couleur vineuse à la pression

— Chapeau brun ocre clair ; chair grise à la fin, mouchetures brun foncé **B. oxydabilis**

— Chapeau brun foncé ; chair lentement ardoisée, grosses mouchetures brunes formant un réseau grossier . . . . . . . . . . . . . . . . . . . **B. rugosus**

— Chapeau foncé, brun noir

- Chair à la fin rouge vineux ; mouchetures gris foncé . . . . . . . . . **B. roseofractus**

- Chair à la fin saumonée ; mouchetures brun noir . . . . . . . . . . . . **B. melaneus**

## Tableau des Bolets rudes les plus courants

| | **Bolet dur** (comestible) | **Bolet du charme** (médiocre comestible) | **Bolet rude** (médiocre comestible) | **Bolet acide** (médiocre comestible) |
|---|---|---|---|---|
| Milieu | peupliers, trembles | charmes | bouleaux | bouleaux |
| Chapeau | très dur<br>brun clair<br>d'abord velouté | mou, cabossé<br>brun clair<br>vite lisse | peu dur<br>brun ocracé<br>d'abord velouté | peu dur<br>ocre brunâtre<br>velouté |
| Pores | grisâtre puis crème | blancs, gris à reflet jaunâtre | blancs, gris puis un peu rosés | blancs, gris à reflet jaunâtre |
| Pied | granules foncés ; peut se tacher de bleu vert en bas | mouchetures brun jaune | mouchetures brunes | mouchetures très sombres |
| Chair | vire au rose puis violacé et au noirâtre | vire au rose puis violacé et noirâtre | blanche immuable (faiblement grise à la fin) | vire au rose, puis au gris |

**Bolets rudes,** à pores blancs à l'état jeune (exemplaire du milieu). →

## BOLET ORANGÉ →

*Boletus (=Krombholzia) aurantiacus* (Bull.) Roq.

Trémoule.

**Habitat :** très commun, dans les herbes des bois humides feuillus (bouleaux et trembles), parfois aussi dans les landes humides et assez indifférent à la nature du sol ; de juillet à octobre, rarement plus tard.

**Chapeau :** charnu, bien hémisphérique et bombé au centre, assez grand (8-20 cm), orangé ou brun orangé ; la marge typique est recourbée sur les tubes ; revêtement séparable, un peu velouté.

**Pied :** très caractéristique, raide et élevé (10-15 cm), cylindrique, dur, à fond blanc, tout couvert de mouchetures en relief d'abord blanches puis foncées, brun-rouge, disposées grossièrement en lignes (lui donnant un aspect granuleux-raboteux) ; base souvent tachée de vert.

**Tubes :** longs, à petits pores, d'abord blancs, puis gris, enfin gris foncé ; spores jaune gris pâle. 11,5-20 × 4,5-6 μ.

**Chair :** épaisse, molle dans le chapeau, dure et fibreuse dans le pied, blanche, noir pourpre violacé à la cassure et noir à la cuisson, douce, verdissant à la base du pied. Odeur nulle. Réactions : au sulfate de fer, rapidement vert foncé sale ; au formol : rougeâtre.

Espèce comestible, mais de chair molle et peu appétissante. Toxique crue. D'autres Bolets roux sont assez semblables.

Une forme blanche vient parfois en mélange avec le bolet orangé (*Boletus [= Krombolzia] percandicus* Vasilkov). Il en a les caractères généraux (spores, coloration noir violacé de la chair). Mais entièrement blanc à l'origine, le chapeau devient brun rougeâtre en vieillissant tandis que les squamules du pied brunissent, les pores se teintant d'ocracé. Cette forme albinique est rare.

## BOLET ROUX ➔

*Boletus (=Krombolzia) rufescens* Secr.)

Bolet changeant.

**Habitat :** en milieu acide, sous bouleaux, dans les landes et bois mêlés de pins, humides, en été et en automne, parfois en touffes de 2 à 8 individus, assez rare.

**Chapeau :** hémisphérique puis étalé, grand (8-15 cm), orangé clair, fauve, jamais rouge brique, lisse duveteux, à marge débordante.

**Pied :** élancé (jusqu'à 20 cm), coriace, cylindrique, renflé en bas, blanc gris, couvert de nombreuses squames blanches à l'origine, puis brique enfin noirâtres, très foncées.

**Tubes :** d'abord gris puis jaunâtres enfin sombres, vineux à la cassure, pores fins, de même couleur, spores brun ocracé, 13-16 × 4-5 $\mu$.

**Chair :** assez ferme au début, blanchâtre, noircissant en passant par une teinte vineuse foncée, avec du bleu verdâtre dans le pied, douce ; réactions : sulfate de fer : bleu vert ; formol : rose saumon puis rouge sombre.

Médiocre comestible, sinon à l'état jeune. Il noircit moins à la cuisson que les autres bolets orangés.

Sous chêne-vert, en région méditerranéenne, le **Bolet joli** (*Boletus [=Krombolzia] lepideus* [Essette] Alessio) est assez fréquent. C'est un gros bolet brun fauve (5-15 cm) à pied épais peu élancé (5-15 cm), épaissi en bas, moucheté de brun peu serré, pores et tubes jaunes puis olivacés, et chair jaunâtre, virant très faiblement au rose puis au violacé clair. Assez bon comestible, à l'état jeune, car assez ferme.

Remarquer sur la photographie : dans l'exemplaire encore jeune, les squames du pied n'ont pas encore la couleur caractéristique foncée.

## BOLET DES CHÊNES →

*Boletus (=Krombolzia) quercinus* (Pilat et Dernek) Sutara

**Habitat :** lié aux chênes, en milieu peu humide, venant en été et en automne, souvent de très grande taille, un des plus grands de son groupe.

**Chapeau :** hémisphérique puis étalé, 6-15 cm et plus, roux plus ou moins vif, à surface mate et veloutée, même feutrée, ne devenant pas glabre, marge débordant sur les pores.

**Pied :** élancé (jusqu'à 20 cm), cylindrique à renflé à la base blanchâtre, tout couvert de verrucosités sombres rouillé à marron, mais non noires formant un réseau grossier.

**Tubes :** blanchâtres à chamois grisâtre, pores fins et gris, sporée tabac brun, spores 12-15 × 3,5-5 $\mu$ en fuseau.

**Chair :** blanchâtre devenant rose vineux-grisâtre, ardoisé avec dans le pied des reflets verdâtres. Saveur douce, odeur faible.

Espèce généralement confondue avec le Bolet orangé. C'est surtout son habitat qui permettra de l'identifier d'abord. Comestible moyen, comme tous les bolets orangés, récoltés à l'état jeune.

En montagne, lié à l'épicea et aux myrtilles, on trouve le **Bolet de l'épicea** (*Boletus [Krombolzia] piceinus* Pilat et Dermek) ; de teinte rouge brun foncé, il est plus trapu sur un pied fibrillé de noir, plus court que la largeur du chapeau. Les tubes sont gris jaunâtres, la chair noircit. Il ressemble (couleur, port) à un cèpe, mais son pied raboteux l'en sépare tout de suite. Médiocre comestible.

En montagne encore, associé au pin sylvestre, le **Bolet couleur de renard** (*Boletus [Krombolzia] vulpinus* [Watling] Sutara) a un chapeau roux (3-12 cm) un pied (5-12 cm) à mouchetures marron foncé. Sa chair devient violet peu foncé.

## BOLET DU CHÊNE VERT →

*Boletus (=Krombolzia) corsicus* (Rolland) Alessio

**Habitat :** lié au chêne-vert et aux cistes, commun sur le littoral en région méditerranéenne assez tard en saison (octobre, décembre).

**Chapeau :** hémisphérique, massif (7-15 cm), lisse, brillant par l'humidité, sec et velouté par temps sec, bosselé irrégulièrement, jaune variant de l'ocre au brun jaune.

**Pied :** assez haut, massif, épaissi à la base, jaune, avec mouchetures ou fibrilles fines esquissant plus ou moins un réseau.

**Tubes :** jaunes, assez longs, libres autour du pied, à pores fins, jaunes ; sporée brun clair, spores 12-18 × 5-7 μ.

**Chair :** ferme, blanchâtre à jaune clair, virant du rose au roux au lilas peu intense à la cassure. Saveur douceâtre.

Souvent méconnu, car confondu avec le Bolet noircissant, également jaune dans la jeunesse puis fortement brunissant et à chapeau très craquelé, ce bolet est comestible, et récolté largement dans les régions où il est abondant.

Très rare, sous feuillus, charmes, on rencontre épisodiquement le **Bolet brun bai** (*Boletus [=Krombolzia] brunneobadius* [Blum] Bon.) espèce ferme et dure. Ses pores sont nettement jaunes mais moins vif, salis de brunâtre avec l'âge, mais le chapeau est plus foncé dès l'origine, bai, sec et velouté parfois crevassé. La chair blanchâtre fonce en rougissant d'abord dans le chapeau, grisonne dans le pied.

## BOLET NOIRCISSANT →

*Boletus (=Krombolzia) crocipodius* Letel.

Bolet à pied jaune.

**Habitat :** en milieux aérés, dans les bois de feuillus (chênes surtout, hêtres) ou bois mixtes, précoce (juin à septembre) en région tempérée, pas très commun.

**Chapeau :** hémisphérique à étalé, bossu, assez petit (4-15 cm) d'abord bien jaune citron ou jaune orangé, il fonce et noircit avec l'âge et sa surface se craquèle en réseau (aspect tesselé).

**Pied :** relativement long (5-15 cm) et massif par rapport au chapeau, blanc jaunâtre, à fines écailles rugueuses jaunes brunissant.

**Tubes :** jaunes citron, assez courts, à pores fins jaunes, puis olivâtres, se tachant de bleu au toucher. Sporée ocre légèrement olivacé ; spores 12-20 × 5-7 $\mu$, saveur douceâtre.

Comestible, appréciable à l'état jeune seulement, mais à chair noircissant à la cuisson et un peu molle. De plus trop peu abondant pour constituer un plat.

## BOLET DUR →

*Boletus (=Krombolzia) duriusculus* Schultz

Bolet des peupliers.

**Habitat :** lié au peuplier, sur terrain lourd, en peuplements ou en alignements, en été (dès juin) et en début d'automne, assez rare, mais parfois localement abondant en troupes.

**Chapeau :** ferme, hémisphérique, clair (6-15 cm) le plus souvent, gris bistré à chamois, duveteux, puis lisse, pouvant se craqueler par temps sec, marge débordant sur les tubes.

**Pied :** élancé (8-14 cm), épaissi en bas, blanchâtre, à ponctuations plus foncées, alignées ou plus ou moins en réseau en haut ; parfois taché de bleu vert en bas.

**Tubes :** blanchâtres à jaunâtres, serrés, longs, pores très fins, blanc sale, ne noircissant pas au toucher. Sporée brun tabac, spores 14,5-16 × 4,5-6 $\mu$.

**Chair :** ferme, blanche, passant au rose, puis violacé et au gris, bleu verdâtre dans le pied. Saveur douce.

Réactions : sulfate de fer, vert bleuâtre ; formol, nulle.

Le plus ferme des bolets rudes, assez bon comestible.

## BOLET RUDE ➔

*Boletus (=Krombholzia) leucopheus* (Pers.) Gilb.

Bolet des bouleaux. Bolet blanc et brun.

**Habitat :** commun sous bouleaux, en milieux humides, du printemps à l'automne, mais d'aspect extrêmement variable.

**Chapeau :** hémisphérique (5-14 cm) brun jaune à gris brun ou brun foncé, cuticule brillante uniforme, lisse, un peu grasse au toucher.

**Pied :** raide et élevé (12-20 cm), un peu renflé à la base, ferme à fond blanchâtre sur lequel se détachent des aspérités rudes brun noir, plus ou moins disposées en lignes.

**Tubes :** longs (15-25 mm), formant un sillon autour du pied, mous, pores étroits, blanchâtres à gris sale ou roses, pouvant foncer au toucher. Spores brunes. 14-18 × 5-6 $\mu$.

**Chair :** épaisse, devenant molle, mais fibreuse et dure dans le pied, blanche, immuable à la coupe, mais devenant faiblement grise après un certain temps. Saveur douce. La chair vire au gris bleu, puis au noirâtre sous l'action du sulfate de fer, elle ne réagit pas, ou très peu au formol.

Ce bolet rude est le *Boletus scaber,* ancienne espèce maintenant démembrée, mais demeurant mal connue. Comme tous les membres de son groupe il est comestible, mais peu estimé, sa chair très molle noircit plus ou moins à la cuisson.

## BOLET ACIDE ➔

*Boletus (=Krombholzia) oxydabilis* Sing.

**Habitat :** assez rare, dans les bois feuillus humides, sous bouleaux, avec les autres Bolets rudes.

**Chapeau :** hémisphérique (7-10 cm), ferme, parfois très foncé, brun noir ou ocre, parfois brun roux à centre foncé, à surface régulière d'abord duveteuse puis lisse, parfois finement craquelée.

**Pied :** très élancé et long par rapport au chapeau (6-10 cm) élargi à la base, moucheté d'écailles rudes, brunes, plus foncées à la base.

**Tubes :** blancs, puis grisâtres, pores petits, grisâtres, virant au jaune ocracé. Spores brun havane, 14-18 × 5-6 $\mu$.

**Chair :** plus ferme que chez les autres Bolets des bouleaux, blanche, rougissant un peu puis grisonnant, verdissant au bas du pied.

Le sulfate de fer donne une réaction jaune vert, le formol, rapidement une teinte rose.

## BOLET DU CHARME ➔

*Boletus (=Krombolzia) carpini* R. Schultz

Bolet raboteux.

**Habitat :** lié aux charmes, dans les bois de feuillus avec noisetiers, chênes, (mais pas le bouleau), en été surtout de juillet à octobre, sur sols divers en sous-bois humide. Un des plus mous des bolets rudes.

**Chapeau :** hémisphérique, moyen (3 à 12 cm), glabre et lisse (non velouté), brun ocracé, pâle, chamois, toujours un peu jaunâtre, d'aspect caractéristique à l'état adulte, comme cabossé, ridé, bosselé, irrégulièrement.

**Pied :** élancé, cylindrique, fibreux (8-12 cm), blanchâtre moucheté d'écailles brunes concolores au chapeau, plus foncées vers le bas, en séries longitudinales.

**Tubes :** très longs (15-27 mm), blancs à crème grisâtre, déprimés autour du pied, vineux à la cassure, puis noircissant ; pores petits, gris blanc, jaunissant à maturité, se tachant de noir au toucher. Sporée brun havane, spores 15-19 × 5-6 $\mu$.

**Chair :** très molle dans le chapeau, peu épaisse, jaune blanchâtre puis se teintant de rose, violacé, gris, enfin noircissant. Saveur et odeur agréables. Le sulfate de fer fait virer la chair au bleu vert foncé sale, le formol (au-dessus des tubes) rapidement au rose orangé.

Médiocre comestible, noircit beaucoup à la cuisson.

Le **Bolet noir** *(Boletus [=Krombolzia] melaneus* [Smotl.]) Pilat et Dermek se distingue par un chapeau très foncé, pratiquement noir, velouté, à chair devenant saumonée et un pied à mouchetures brun noir sur fond blanchâtre. Il vient sous bouleaux, en terrain humide.

## BOLET MOU ➔

*Boletus (=Krombolzia) mollis* Bon

**Habitat :** en milieu humide, dans les bois de feuillus, généralement sous bouleaux.

**Chapeau :** hémisphérique, puis aplani, de taille moyenne, brun foncé, parfois vert olivâtre vers la marge.

**Pied :** élancé, à fond jaunâtre et aspérités plus sombres gris brunâtre, avec un reflet vert olive sous les tubes.

**Tubes :** assez longs. ocré, pores ocre, puis typiquement foncés en brun chocolat avec l'âge.

**Chair :** blanchâtre puis roussissant à la cassure.

Ce Bolet se reconnaît à ses teintes générales brunes à la fois sur le chapeau, les pores, le pied, et la chair.

Le **Bolet rugueux** (*Boletus [=Krombolzia] rugosus* [Pilat] Bon.) vient sous saules et feuillus en milieu acide. Le chapeau est sombre, brun chocolat, feutré. Le pied est trapu, épaissi en bas très rugueux avec mouchetures bistre-grisâtre foncé formant un vague réseau grossier, sa base est parfois teintée de bleu-vert. Les pores blancs passent au jaunâtre, la chair rosit lentement à la cassure, puis devient ardoisée. Spores 15-20 × 5 $\mu$.

## BOLET COULEUR DE NOISETTE ➔

*Boletus (=Krombolzia) avellaneus* Blum.

**Habitat :** espèce rare des lieux humides, en particulier sous les saules.

**Chapeau :** à peine moyen (6-10 cm), très clair, beige à noisette, finement velouté ou à petites mèches.

**Pied :** peu élevé, clair, blanchâtre à brunâtre, à aspérités blanches peu nombreuses, presque lisse, parfois taché de bleu vert en bas.

**Tubes :** clairs, blanchâtres, comme les pores ; spores courtement elliptiques 14-18 × 6-7 $\mu$.

**Chair :** blanche, immuable à la cassure ; réaction en verdâtre au sulfate de fer, lentement rose au formol.

Plus rare, (*Boletus [=Krombolzia] subrotundifolius* Blum.) est une espèce assez proche, plus molle, également pâle et à chair immuable. Plus petit (6-8 cm), il se localise dans les lieux tourbeux humides, sous bouleaux. Son chapeau ocracé clair, cabossé, est taché de verdâtre à partir de la marge. Le pied est jaunâtre, avec un peu d'olivâtre en haut, plus roux en bas, et des aspérités fines plus foncées noirâtres. Les pores pâles vont du crème au brun olivacé clair, vaguement roux. On le rencontrera sous bouleaux, dans les milieux les plus humides, tourbeux.

## BOLET BLANC DE NEIGE →

*Boletus (=Krombolzia) holopus* (Rod.) Watling

Bolet tout en pied.

**Habitat :** dans les sphaignes et les mousses humides des bois, sous bouleaux, en automne, généralement isolé ou par petits groupes, rare.

**Chapeau :** petit (4-9 cm), blanc au début puis chamois pâle, lisse, visqueux, marqué de fossettes, à cuticule séparable.

**Pied :** particulièrement élancé par rapport au chapeau, 8-10 cm, blanc, parfois verdâtre en bas à écailles rugueuses blanches puis concolores au chapeau.

**Tubes :** blancs ou un peu argile (10-15 mm), libres autour du pied ; pores blancs à chamois. Sporée claire, chamois, spores grandes, elliptiques, 17,5-20 × 5,5-6,5 $\mu$.

**Chair :** molle, blanche, immuable, ou virant faiblement au lilas par endroits, un peu bleu vert parfois dans le pied ; réactions : au sulfate de fer, bleu gris foncé, sale ; au formol : négatif ou peu sensible.

Sans intérêt culinaire, mou et peu charnu.

Le **Bolet verdâtre** *(Boletus [=Krombolzia] thalassinus* Pilat et Dermek) est encore une espèce blanche des bouleaux, un peu plus grand et robuste, mais dont le chapeau devient gris puis verdit par plaques à partir de la marge ; formant des squames verdâtres ; le pied blanc verdit à partir de la base, les mouchetures devenant brunâtres. La chair pâle rosit en saumon clair.

## BOLET ROSISSANT →

*Boletus (=Krombolzia) roseofractus* Watling

**Habitat :** associé aux bouleaux dans les bois de feuillus, peu fréquent (souvent méconnu) en automne.

**Chapeau :** hémisphérique, de taille moyenne (7 à 13 cm) foncé, brun noir, à surface sèche.

**Pied :** cylindrique, peu élancé (8 cm) blanchâtre, couvert d'aspérités gris foncé, avec parfois des taches bleu vert en bas.

**Tubes :** blancs, passant à l'ocre léger à maturité ; pores concolores, fins ; sporée brun ocracé ; spores 15,5-17,5 × 5,5 $\mu$.

**Chair :** blanche, rosissant évoluant vers le vineux, ferme ; réactions nettes, olivâtre au sulfate de fer, et rose au formol.

Ce Bolet rude a un port plus trapu que ceux de son groupe et est ferme comme le Bolet dur.

Plusieurs bolets assez proches, à chair soit immuable, soit rosissant plus ou moins, embarrasseront le récolteur. Les formes intermédiaires sont nombreuses et leur description relève de travaux spécialisés.

## BOLET A PIED COLORÉ →

*Boletus (=Krombolzia) coloratipes* (Singer) Blum.

**Habitat :** sous bouleaux dans les bois humides de feuillus, souvent méconnu quoique commun, en automne.

**Chapeau :** hémisphérique, moyen (5-10 cm) brunâtre pâle, grisâtre, parfois un peu olive, velouté méchuleux parfois comme moucheté.

**Pied :** assez long, blanchâtre, à granulations claires ou petites mèches, teinté au bas de bleu et plus ou moins de jaune, couleur se retrouvant plus atténuée au haut du pied, en ceinture.

**Tubes :** assez longs (10-15 mm) pores fins, blanchâtres, puis teintés de rose ; spores brunâtre, elliptiques 15-20 × 5-7 μ.

**Chair :** blanchâtre, à un peu jaunâtre, immuable mais bleu vert au bas du pied ; réactions presque nulles au sulfate de fer (à peine bleu) et au formol (lentement rosâtre).

Toujours sous bouleaux, le **Bolet à couleurs variables** (*Boletus [=Krombolzia] variicolor* Watling), est une autre espèce moyenne, grise, mais à chapeau d'abord velouté puis rapidement lisse et un peu visqueux. Le pied très élancé a des tonalités bleues à la base. La chair est variable à la cassure, rougissant dans le chapeau, puis grisonnant, avec du bleu au pied. Les tubes et les pores blancs à gris crème se tachent de rose vineux à la pression du doigt.

## BIBLIOGRAPHIE


ALESSIO (C.). — Boletus Dill ex. L., 1 vol., 712 p., Saronno, 1985.

On trouvera dans cet ouvrage une bibliographie complète (environ 400 références) et récente (p. 665 à 682).

BLUM (J.). — Les Bolets, 1 vol., 169 p., Paris, 1962.

BLUM (J.). — Révision des Bolets, 8 notes, 1968 à 1970. Bull. Soc. Mycol. de France, 1968, fasc. 2, p. 309-332, fasc. 4 ; 1969, fasc. 1, p. 21-65 et p. 66-92, fasc. 4, p. 527-575 ; 1970, fasc. 1 p. 215-256, Revue de Mycologie, 1969, fasc. 2-3, p. 249-277, 1970, fasc. 2-3, p. 176-221.

BRESADOLA (G.). — Iconographia Mycologica, vol. XIX, Mediolani, 1931.

HEINEMANN (P.). — Les Boletinées. Les Naturalistes belges, T. 56, n° 5, 1975, p. 129-158.

LECLAIR (A.7 et ESSETTE (H.). — Les Bolets (Atlas mycologique), 1 vol., 142 p., Paris, 1969.

MARCHAND (A.). — Champignons du Nord et du Midi, t. 1., 1971, t. 2, 1973, t. 3, 1975, Paris.

MESPLEDE (H.V.). — Les Bolets. Bull. Soc. Myc. de France, t. 94, fasc. 1, in Mycol. pratique, p. 13-35.

## INDEX

Fig. 1

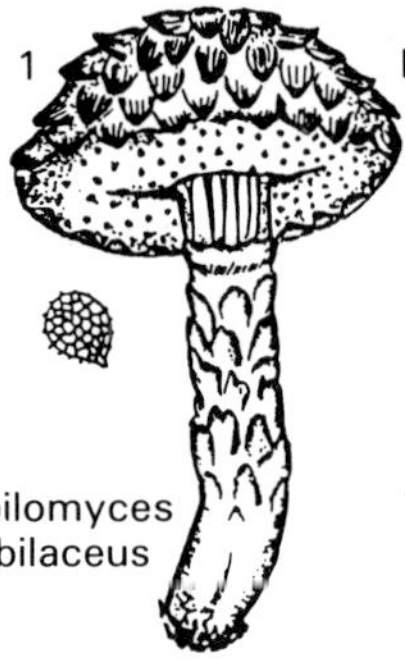

Strobilomyces
strobilaceus

Fig. 2

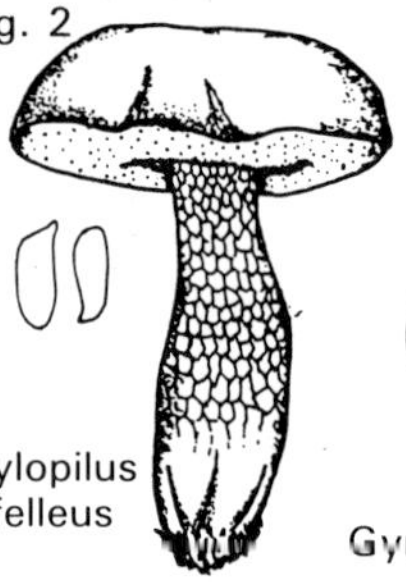

Tylopilus
felleus

Fig. 3

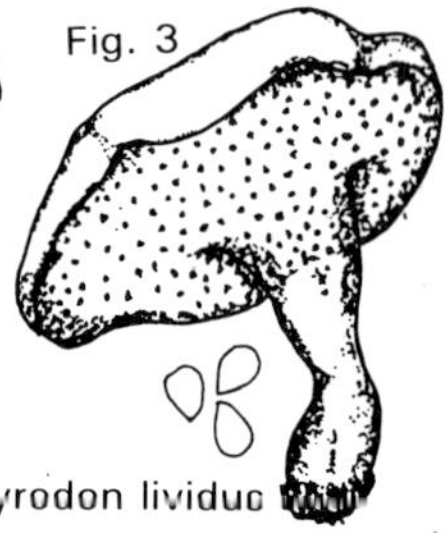

Gyrodon lividus

Fig. 4

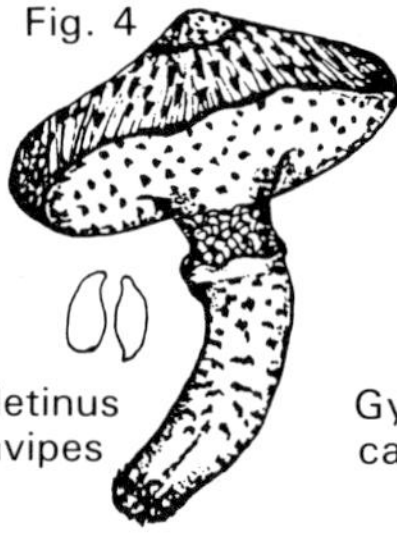

Boletinus
cavipes

Fig. 5

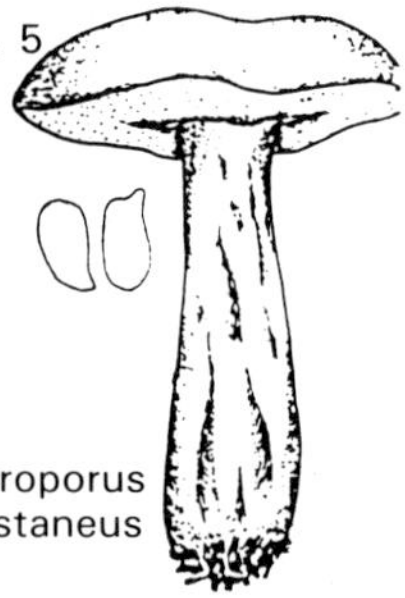

Gyroporus
castaneus

Fig. 6

Porphyrellus
porphyrosporus

Fig. 7

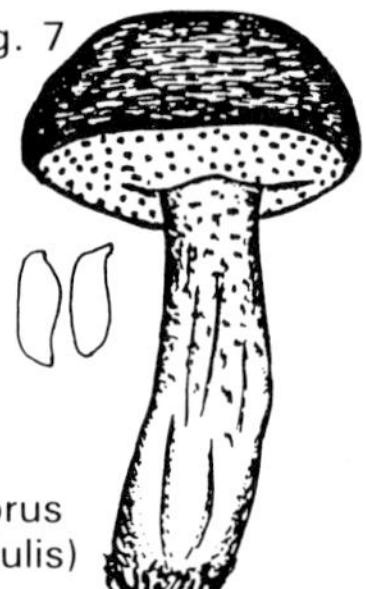

sg. Tubiporus
(Boletus edulis)

Fig. 8

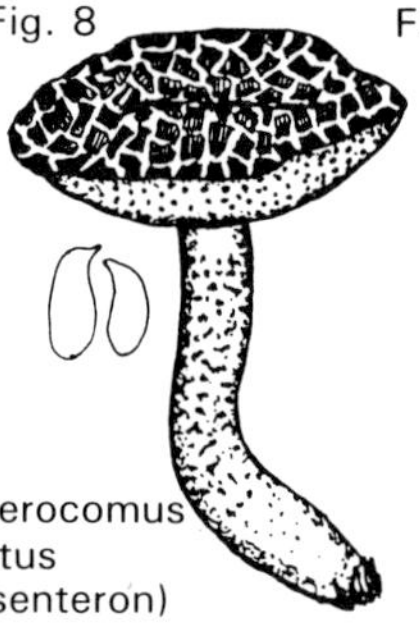

sg.Xerocomus
(Boletus
chrysenteron)

Fig. 9

sg. Ixocomus
(Boletus luteus)

Fig. 10

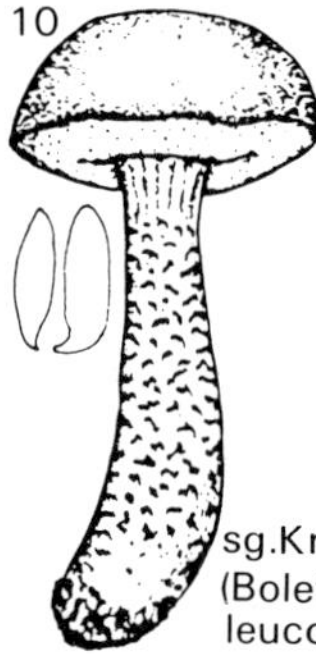

sg.Krombholzia
(Boletus
leucophaeus)